Copyright

Bart & Jones Publishers - Sarl au capital de 8 000 €

795 069 293 RCS Toulouse - SIRET n°: 795 069 293 00012

Siège : 'Le Ramier' 406 Chemin de Terre Blanque, 31340 Mirepoix Sur Tarn, France

Email: info@bartandjones.com

ISBN: 979-10-94635-13-1
EAN: 979-10-94635131

A la mémoire d'Elie Wiesel, Prix Nobel de la Paix 1986,
Décédé alors que nous achevions la rédaction de cet ouvrage,
Qui disait qu'il avait « confiance en l'Homme malgré les hommes ».
Puissions-nous être inspirés par son courage et son humanisme,
Et avoir confiance en l'Europe malgré les institutions européennes.

Sommaire

Préface

Brexit : et maintenant, on fait quoi ?

L'ouvrage de Nathalie Bordeau et David-Xavier Weiss vient à point nommé. Les ondes de choc du referendum voulu, organisé et perdu par David Cameron sont encore en train de se propager à travers tout le Royaume-Uni, l'Europe et, d'ailleurs, bien d'autres régions du monde.

La passation de pouvoir au 10 Downing Street entre le Premier Ministre démissionnaire et Theresa May s'est faite finalement plus vite que prévu, le trublion et farouche "Brexiteer" Boris Johnson , après avoir semblé jeter l'éponge devant la lourdeur de la tâche, s'est à ce jour reconverti en Ministre des Affaires étrangères de sa Très Gracieuse Majesté, une flopée de partisans du Brexit se retrouve aux manettes gouvernementales , et Mme Nicola Sturgeon, Première Ministre d'Ecosse, joue sa partition et défend les intérêts de ses compatriotes écossais avec enthousiasme et talent. Le leadership de Jeremy Corbyn à la tête du Labour est fortement contesté, le Parlement britannique ne sait toujours pas à quel saint se vouer et comment commencer à travailler sérieusement à l'après-Brexit, et la City est démoralisée. Car le fameux article 50 du Traité de Lisbonne, dont la notification doit être faite à ses partenaires européens et aux institutions européennes par le pays qui souhaite se retirer de l'Union européenne, n'a toujours pas été actionné, à l'heure où ces lignes sont écrites ! Il est question, si l'on en croit les récentes déclarations du Gouvernement britannique, que cet article 50 ne soit pas déclenché avant la fin de l'année, repoussant d'autant le top départ du processus de négociation en vue du retrait du Royaume-Uni de l'Union européenne.

C'est dire si la confusion sur l'après-Brexit règne, si l'incertitude plane, si les équations à plusieurs inconnues se multiplient, amenant d'ailleurs le FMI à réviser à la baisse ses prévisions de croissance pour le Royaume-Uni, mais aussi pour l'Allemagne, la France et l'ensemble de l'Europe.

Le présent ouvrage vient donc proposer, au bon moment, de dresser un état des lieux, de tirer des enseignements du Brexit, de faire un diagnostic et de formuler des propositions pour l'avenir.

Le 23 juin en effet, une majorité de citoyens britanniques exprimait son souhait de quitter l'Union européenne : 51,89 % de suffrages exprimés, soit 17,4 millions d'électrices et d'électeurs, avec un taux de participation de 72,2 %, ce qui est considérable pour un referendum dit "consultatif". Cette volonté exprimée par la majorité du peuple doit bien sûr être pleinement respectée.

Certes, beaucoup a été dit et écrit sur le vote très majoritairement favorable au maintien dans l'Union européenne des électeurs écossais, des électeurs d'Irlande du Nord, des électeurs londoniens et de ceux d'autres grandes villes du Royaume-Uni, on a beaucoup commenté la fracture générationnelle qui aurait été révélée par ce scrutin (quoique ...), les jeunes électeurs ayant, semble-t-il, plus voté en faveur du "Remain" que leurs aînés. Mais il s'agit maintenant de faire face à la nouvelle donne qui s'offre à nous. Réfléchir au bon déroulement de la procédure de retrait du Royaume-Uni, et des intenses (et longues) négociations qui vont l'encadrer. Réfléchir à un nouveau type de relation entre le Royaume-Uni (si celui-ci n'implose pas...) et l'Union européenne. Réfléchir à l'avenir de l'Union européenne, ce "club des 27" dont nous voyons bien qu'il n'apporte plus pleine satisfaction aux peuples européens, c'est le moins que l'on puisse dire, tant la déception, le doute, la colère et le rejet, mais aussi les attentes et les exigences, sont forts.

Ce qui est clair pour nos deux auteurs, Nathalie Bordeau et David-Xavier Weiss, comme pour moi, c'est qu'en ce moment crucial pour l'Union européenne, en ce moment de crise politique et institutionnelle sans précédent, alors que les menaces qui pèsent sur nous se font de plus en plus lourdes, jusqu'à ensanglanter certains de nos villes et de nos rivages, les intérêts et les attentes des peuples européens doivent être mis au cœur du débat. Encore faut-il être en mesure de les identifier clairement ...

Nous disons haut et fort, et c'est ce à quoi, notamment, s'emploie cet ouvrage, que nous devons entendre le message adressé par les Britanniques, certes, mais plus généralement, entendre les peuples européens qui, referendum après referendum, (et d'autres référendums sont à attendre en Europe ...), élection après élection, font part de leur scepticisme, de leurs revendications, de leurs attentes et de leurs espoirs, et appellent à plus de protection, de résultats et de respect des identités nationales.

Nous sommes attachés à l'idéal européen. Mais la question qui se pose maintenant, par-delà l'après-Brexit, par-delà la nécessité de travailler à redéfinir notre relation avec le Royaume-Uni, qui devra être amicale, bien sûr, constructive et sans concession, est celle de l'avenir de l'Europe. Cette refondation de l'Europe, qui nous semble être devenue une ardente obligation, doit, d'après nous, se baser sur un certain nombre de principes clairs. Reconnaître nos frontières extérieures et l'impérieuse nécessité de les protéger. Affirmer notre indépendance politique et économique, à travers, notamment, la création d'un FME. Respecter totalement le principe de subsidiarité, avec le resserrement de l'Union européenne sur un petit nombre de compétences stratégiques, le reste devant être de la souveraineté des Etats. Enfin, arrêter le processus d'élargissement jusqu'à ce que l'œuvre de refondation de l'Europe soit achevée.

Telle est la tâche historique qui nous attend. Il nous faudra énergie, lucidité, audace, courage. Il faudra construire patiemment, dans la compréhension mutuelle, un accord clair entre l'Allemagne et la France. Nathalie Bordeau et David-Xavier Weiss insistent avec justesse sur l'importance du couple franco-allemand, irremplaçable, et pointent du doigt ses récents et très fâcheux dysfonctionnements.

La question de la révision des traités européens actuels ne pourra pas être évitée. Et, par conséquent, celle du referendum. Pour revenir au peuple. Pour donner la parole au peuple. L'adage anglais selon lequel "If you don't understand, vote No!", qui s'est imposé à la quasi-totalité des référendums sur des questions européennes qui se sont tenus depuis le double Non des Français et des Néerlandais en 2005, devra être déjoué. Tel est bien l'enjeu.

Poser le bon diagnostic, apporter des pistes de réponses, expliquer, convaincre, entraîner, ne pas hésiter à se remettre en cause, à bousculer les "vaches sacrées", à dépasser le politiquement-correct. Proposer un projet, une perspective. Telle est la tâche à laquelle se sont attelés nos deux auteurs, dans un ouvrage dense, vif, resserré, érudit. Nul besoin d'en partager tous les constats, de faire siennes toutes les propositions, d'endosser toutes les préférences. Le débat est lancé ! Il ne fait que commencer.

Bonne lecture !

Constance Le Grip

Introduction

23 juin 2016. Les résultats du référendum britannique viennent de tomber, et nos amis d'outre-Manche ont manifesté la volonté de sortir du giron européen. Un résultat attendu, au regard des sondages du mois de juin, qui donnaient le « leave » de plus en plus largement vainqueur, jusqu'à le créditer de 53% des voix ? Voire...

Malgré les données concordantes des instituts de sondage depuis plusieurs semaines, la perspective d'un Brexit semblait si improbable,   peut-être même si traumatique, à beaucoup d'Européens, qu'au lendemain de l'assassinat de Jo Cox, à une semaine du référendum sur une sortie de l'Union, perspective que cette députée britannique combattait farouchement, une large partie des commentaires tournait autour du fait que sa mort allait produire un électrochoc inversant la tendance des intentions de vote. Il n'en a rien été.

La voix de celle qui déclarait, voici peu que *« L'Union Européenne n'est peut-être pas parfaite et elle a de toute évidence besoin de réformes, mais risquer tous les avantages de notre appartenance à l'Europe pour plonger dans les ténèbres ne me semble pas très patriotique »*, n'a donc pas été entendue. Faut-il pour autant, à sa suite, voir dans le vote britannique un manque de patriotisme ? Ce serait là un paradoxe, à l'heure où le retour de balancier de la globalisation semble conduire à l'inexorable résurgence, si ce n'est des états-nations, du moins d'un sentiment national fortement teinté d'une recherche de valeurs identitaires.

Le vote britannique pourrait d'ailleurs, en ce sens, être la traduction politique de l'impossible recherche d'une identité européenne, sans laquelle les institutions communes finissent immanquablement par perdre sens aux yeux des citoyens, et par se déliter. Il pourrait n'être qu'un premier symptôme d'interrogations présentes, à un degré ou à un autre, chez les citoyens de tous les Etats de membres de l'Union Européenne. C'est ce qui nous a conduits à écrire ce livre, pour partager des questionnements sur l'avenir, et contribuer à poser un diagnostic, voire à proposer quelques pistes vers des solutions –sans, bien évidemment, prétendre détenir la clef d'interrogations qui impactent plus de 508 millions d'individus (c'est la population des 28 Etats de l'Union au 1er janvier 2015).

Et pourtant... L'Europe en tant qu'espace d'échanges privilégiés est une idée qui plaît encore et toujours à l'écrasante majorité des citoyens européens. Mais que de doutes, de flottements et de sentiment d'incompréhension dès lors qu'on évoque l'Union Européenne, ses institutions, et plus encore ses décisions, perçues comme un mélange d'arbitraire technocratique déconnecté des réalités et d'universalisme de principe !

Si la crise des migrants n'est en aucun cas la cause du divorce, déjà amplement consommé, entre les institutions de l'Union Européenne et les citoyens de ses 28 Etats membres -qui, face à elles, se vivent d'ailleurs plus comme des administrés que comme des citoyens-, elle en est indéniablement un révélateur et un catalyseur. S'il n'est pas certain que l'Union Européenne s'en relève, surtout avec ce Brexit qui, dans les deux années qui viennent, va réduire le nombre de ses parties prenantes à 27, il serait par contre fort surprenant qu'elle puisse en sortir indemne, et fort dommageable qu'elle ne sache pas saisir cette occasion de revoir son fonctionnement comme ses priorités. Elle va d'ailleurs y être obligée : moins d'une heure après l'annonce des résultats du référendum britannique, des voix se levaient, en France, aux Pays-Bas et en Autriche, mais aussi au Danemark, en Suède et en Hongrie, pour demander que leur population soit consultée sur le même sujet. Si l'Europe reste passive, attentiste ou frileuse, elle implosera à coup sûr, car l'idée que les peuples s'arrêteraient toujours au dernier moment face à la perspective de l'inconnu que constituerait une sortie du giron européen est tombée en ce 23 juin 2016, qui restera sans doute une date historique, qu'on la considère positivement ou négativement.

Si les Britanniques réussissent, comme semble le vouloir David Cameron, à conserver un plein accès au Marché Unique sans plus faire partie de l'UE et devoir s'acquitter des obligations financières et des devoirs afférents, pourquoi les autres Etats auraient-ils, d'ailleurs, la moindre hésitation à s'en affranchir, alors que leurs citoyens les y poussent avec une insistance qui aurait été impensable voici quelques années ? On peut se demander si Jean-Claude Juncker saura exprimer, et surtout maintenir, une position ferme sur ce point, et si Didier Seeuws, le diplomate belge qu'il a choisi pour négocier les conditions pratiques du Brexit et les relations futures entre la Grande-Bretagne et l'Union Européenne, sera en mesure de présenter un accord préservant à la fois les intérêts économiques de chacun et la pertinence de l'intégrité politique du reste de l'Union...

Déjà, en 2007, donc dans un contexte économique, social et géopolitique plus apaisé, Nicolas Sarkozy soulignait le décalage de plus en plus abyssal entre les Européens et leurs gouvernants quant à la définition et au contenu même de l'Europe : « *Un référendum aujourd'hui mettrait l'Europe en danger. Il n'y aura pas*

 Les événements lui donnent entièrement raison, et il faut bien reconnaître que l'Europe, si elle déçoit de l'intérieur, perd aussi de son attractivité, vue de l'extérieur : la Suisse ne vient-elle pas de voter, en juin 2016, pour retirer sa demande d'adhésion à l'Union Européenne, qui datait d'il y a 24 ans ? Si c'est en réalité peu impactant, c'est très emblématique !

A quoi aspirent les Européens quand ils parlent d'Europe, par-delà les intérêts nationaux et les clivages politiques ? Ont-ils, d'ailleurs, une aspiration commune, ou une définition commune de ce qu'est l'Europe à leurs yeux ? Premier constat : les Européens s'étonnent. Comment, en effet, l'Union Européenne, dotée d'une personnalité juridique au regard du droit international, peut-elle se nier une identité et, par là même, la nier à ses Etats membres ? Comment peut-on dire ce qu'est l'Europe si on omet, voire désormais si on se refuse à dire, qui sont les Européens, au nom de l'universalisme, de la diversité, ou de tout autre concept abstrait qui nie la légitimité d'un sentiment d'appartenance ? Si un Indien d'Amérique affirme sa fierté de ses origines, ethniques et culturelles, l'Union Européenne applaudit, et même le subventionne, au titre de la défense de Peuples Premiers ; si un Européen ose dire sa fierté d'appartenir à la race blanche et à une culture gréco-romaine et judéo-chrétienne mâtinée d'influences celtes, c'est immédiatement la curée médiatique -et parfois politique, comme Nadine Morano l'a illustré en octobre 2015-, et les mots de racisme, de préjugés et d'islamophobie sont immanquablement prononcés... Alors, les citoyens européens s'étonnent légitimement, et aimeraient qu'on leur explique en quoi il est moins honorable d'être fier de ses ancêtres Français, Allemands ou Grecs que s'ils avaient été Aztèques ou Bantous. Et leur étonnement lui-même est caricaturé : il est évident que la population européenne est hétérogène du point de vue ethnique et religieux, c'est conforme à son histoire et c'est son honneur, mais il est hallucinant de ne pas pouvoir dire librement qu'être Européen, quelles que soient nos origines, c'est se reconnaître des racines historiques, ethniques et religieuses, majoritaires au sein de la population de notre continent. Certes, il pouvait sembler stupide, au XIXème siècle, de faire apprendre à tous les écoliers de la France et de ses colonies que leurs ancêtres les Gaulois étaient blonds - c'était parfois à l'évidence loin de la vérité génétique-, mais cela permettait d'affirmer un sentiment d'appartenance, et que le fait d'être Français passait par celui de s'approprier l'existence d'ancêtres historiques qui étaient Gaulois.

Les citoyens européens sont, en fait, plutôt tentés d'être d'accord avec Montesquieu, pour qui *"l'Europe est un Etat composé de plusieurs provinces"*, sous réserve de se reconnaître dans l'identité de cet Etat supranational et dans la direction qui lui est donnée; sans ce préalable indispensable, ils nourrissent la désagréable impression d'avoir abdiqué un destin voulu pour un destin fortuit, soit qu'ils aient l'impression qu'il n'y a pas de pilote dans l'avion, soit celle qu'un pilotage collégial sans vision au long cours les conduit dans une direction où ils ne souhaitent pas aller. L'Europe séduit encore, car elle demeure, du moins pour les générations qui ont vécu la Seconde Guerre Mondiale ou sont nées immédiatement après, le symbole d'une volonté commune de construire une paix et une prospérité durables. Mais cette utopie est née, précisément, du sentiment d'une identité commune qui pouvait transcender les différences et les divisions entre nations. Alors voir les élites européennes privilégier sans les consulter une solidarité mondiale génératrice de désordres intérieurs et de déstabilisation économique et sociale et, dans le même temps, rejeter comme passéiste et déplacée toute velléité de définir la communauté nationale ou celle de l'Union sur leurs bases historiques et culturelles, crée un terrible malaise. Et ce malaise est encore plus perceptible en France, où l'enseignement du grec et du latin est désormais réduit à néant car considéré comme le signe d'appartenance à une élite indûment accrochée à ses racines, et où les revendications communautaristes sont d'autant mieux perçues qu'elles émanent d'une communauté ne trouvant pas ses origines sur notre continent.

Elitiste, la civilisation européenne ? Sans doute, et tant mieux ! Car elle est élitiste dans la mesure où elle estime que les mérites individuels et les efforts de chacun peuvent lui permettre d'accéder à cette élite. L'élitisme n'y rime pas avec caste, mais avec reconnaissance de la valeur individuelle et, dans ce cadre, la société doit pouvoir se reconnaître dans les individus qu'elle distingue. La civilisation européenne est remarquablement ouverte, car toute sa pensée, des philosophes grecs à ceux des Lumières, l'y conduit. Mais beaucoup de ceux qui la composent estiment que l'on peut s'ouvrir sans se renier, donner priorité aux siens même si on aime l'humanité entière, et exiger de ceux qui viennent s'établir sur notre sol qu'ils partagent nos valeurs, qu'ils les connaissent et les respectent. Il est symptomatique que les Britanniques, qui sont sans doute les Européens les plus culturellement formatés à promouvoir à la fois le respect des normes sociales et le mérite individuel, soient les premiers à se détacher officiellement d'une Europe encline à adapter sans réflexion les premières aux derniers arrivants, qu'ils soient ou non en situation régulière, et à négliger le second, dans une tentation inconsidérée de nivellement – finalement pas par le haut.

L'Europe ne traverse pas une crise d'identité : elle voit ses citoyens prendre conscience de la valeur d'une identité commune dans un monde en mutation et de plus en plus sujet à des mouvements de populations de grande ampleur, dépassant le plus souvent, et c'est un fait nouveau, les limites de leur aire culturelle. Les institutions de l'Union se réconcilieraient sur-le-champ avec les citoyens européens si elle les accompagnait dans la définition de cette identité commune plutôt que d'en saper les fondements, y compris en ne garantissant pas l'intégrité du territoire face au déferlement de populations de toutes origines. Et les Etats nationaux ne font pas beaucoup mieux, en l'espèce, allant dans certain cas jusqu'à stigmatiser la réaffirmation du patriotisme comme un retour malheureux du conservatisme.

A l'heure où l'on peut craindre toutes les critiques pour avoir simplement postulé l'existence et –péché suprême !- la valeur intrinsèque d'une culture vernaculaire européenne, il est téméraire, mais pourtant indispensable, de souligner que la fragilité politique et économique de l'Europe ou les doutes sur la pérennité à moyen terme de sa monnaie proviennent d'une seule et même carence : celle du sentiment d'un patriotisme européen. Si nous ne lui donnons pas l'occasion d'éclore, ce sont à coup sûr les patriotismes nationaux -voire régionaux : songeons notamment à l'Ecosse et à la Catalogne, qui en furent de clairs révélateurs, avant même qu'il soit question de Brexit ! - qui vont se réaffirmer de préférence aux solidarités continentales, et nous y aurons peut-être perdu les fruits des sept décennies de paix. La reconnaissance d'intérêts communs face à un monde qui les menace, d'une même Histoire fondatrice et de l'appartenance à une même civilisation, peut permettre à l'Europe de devenir ce qu'elle aurait toujours dû être : Une, Indivisible, et consciente de ce qui la rassemble.

Le corollaire de cette identité européenne enfin affirmée, c'est, bien entendu, l'émergence de partenariats économiques et politiques privilégiés tenant compte des proximités en termes de civilisation et donc, dans une large mesure, d'aspirations. Nul doute que, même aujourd'hui, une écrasante majorité des citoyens européens se reconnaîtraient une proximité plus forte avec la Russie, par exemple, qu'avec la Turquie, malencontreusement candidate reconnue à l'entrée dans l'Union Européenne depuis 1999, et pour laquelle le processus d'adhésion vient même d'être réactivé par une technostructure européenne qui oscille entre surdité et autisme pour mieux ignorer les scandaleuses déclarations du Président Erdogan concernant Hitler, ou le manque de clarté, au regard des faits, de la position turque concernant l'Etat Islamique. Une entrée qui, si elle se concrétisait, serait un dramatique séisme en matière de valeurs communes et de civilisation, mais aussi dans les choses les plus simples de la vie quotidienne : rappelons à titre d'exemple que lors de la conférence du Président Erdogan à Strasbourg, le 4 octobre 2015, les hommes et les femmes de l'assistance étaient séparés... Nos préoccupations paritaires semblent appartenir, et appartiennent, à une toute autre vision du monde, de la société et de la dignité des personnes ! Une proximité plus forte, aussi, avec Israël, seule démocratie pleinement fonctionnelle du Moyen-Orient, qu'avec l'Arabie Saoudite, qui a coupé 134 têtes au cours de l'année 2015, dans certains cas pour des délits d'opinion, et 47 de plus pour marquer l'avènement de 2016. L'information trop souvent orientée des médias, ou la complaisance de certains politiques, appuyée sur des motifs économiques, ne suffit pas à masquer ce genre de réalités.

Nous avons abordé la rédaction de cet ouvrage avec les mêmes doutes, et parfois les mêmes inquiétudes, que chacun des lecteurs, et constaté que l'information rassemblée, en la matière, nourrissait l'incertitude plus souvent qu'elle n'y mettait fin. Nous ne prétendons donc pas apporter des réponses -ce serait présomptueux à ce stade et dans ce contexte-, mais simplement imaginer des scénarios d'évolutions possibles pour l'Europe d'ici la fin du XXIème siècle, à la lumière de ce Brexit qui nous conduit à remettre en cause bien des certitudes, et à s'interroger sur les éléments constitutifs de notre stabilité et de notre prospérité continentale. Certes, d'autres scénarios sont imaginables, et tout aussi plausibles, mais ce qui est certain, c'est que nous n'avancerons tous dans la même direction qu'avec une perception claire de nos buts, inséparables de notre identité. Et que nous avancerons d'autant plus volontiers main dans la main si ces buts sont ambitieux.

C'est ensemble que nous devons résoudre le paradoxe souligné par le géographe Daniel Faucher (1882-1970) : « *L'Europe est trop grande pour être unie ; Mais elle est trop petite pour être divisée. Son double destin est là* ». L'espoir demeure pour l'Europe... si elle accepte de se réformer pour s'affirmer. Le Brexit est un coup de semonce qui ne peut être ignoré.

Chapitre 1

Un bien étrange référendum...

Qu'on y ait été favorable ou non, évoquer le Brexit conduit inévitablement à se demander pourquoi. Pas pourquoi les Britanniques ont voté non : si ce résultat était craint, notamment par les économistes, il était somme toute prévisible, et dans la droite ligne des récentes consultations populaires sur l'Europe, quel que soit l'Etat membre dans lesquelles elles ont eu lieu. Le récent « non » au référendum aux Pays-Bas sur la ratification d'un traité d'association entre l'Union Européenne et l'Ukraine, ressenti –à tort ou à raison- comme les prémices à un éventuel élargissement, dans un pays pourtant a priori nettement plus europhile que la Grande-Bretagne est, à ce titre, tout à fait significatif. Le pourquoi, c'est avant tout : pourquoi David Cameron, Premier Ministre britannique partisan du maintien dans l'Union Européenne, a-t-il initié un référendum dont le résultat pouvait conduire à en sortir, alors que rien ne l'y obligeait légalement, voire moralement ?

Tout simplement parce qu'en position de faiblesse face à l'opinion publique britannique, le Premier Ministre a cru pouvoir renforcer sans risque sa position nationale et européenne en appelant la population à se prononcer : l'exemple récent du référendum écossais –question sur laquelle nous reviendrons plus loin dans cet ouvrage- le rendait confiant quant au résultat, et dans une force d'inertie qui ferait inévitablement préférer le statu quo et les errements européistes en vigueur. Le pari s'est très vite avéré beaucoup plus risqué que prévu, quand Boris Johnson, alors maire de Londres, s'est fait la figure de proue du « leave », à la fois par conviction et parce qu'il y voyait une opportunité de devenir le nouveau locataire du 10, Downing Street -même s'il a rapidement abandonné cette ambition après que David Cameron ait fait savoir qu'il laisserait à son successeur le soin de mettre en œuvre l'article 50, concrétisant ainsi le divorce avec l'Union Européenne. Un vrai coup de maître de Cameron qui, indéniable grand perdant de ce référendum, n'en invente pas moins l'original concept de débâcle des vainqueurs !

Si le « remain » l'avait emporté, même de justesse, ce que marchés financiers et bookmakers, habituellement plus perspicaces ou mieux inspirés, se sont pris à imaginer face à l'émotion consécutive à l'assassinat de Jo Cox, la position nationale de David Cameron se serait, de fait, trouvée renforcée, puisque sa politique la plus contestée aurait fait l'objet d'un assentiment populaire solennisé par le verdict des urnes. Dans le même temps, le fait même d'avoir tenu et gagné ce référendum l'aurait fait apparaître, aux yeux de ses partenaires européens, comme le sauveur de l'unité continentale, à qui il aurait semblé légitime d'accorder quelques concessions, bien que la Grande –Bretagne bénéficie depuis toujours, sur de nombreux sujets, d'un régime dérogatoire hautement favorable. Cette défaite inattendue n'était pourtant pas imprévisible : les Britanniques sont, de très loin, les citoyens de l'Union les plus eurosceptiques, et le caractère insulaire de leur territoire rend indéniablement la réalité européenne moins concrète à leurs yeux. Et le Premier Ministre britannique s'est trouvé dans l'obligation d'annoncer, dès la promulgation des résultats, qu'il démissionnerait d'ici octobre : avec près des trois quarts des citoyens qui se sont rendus aux urnes, et plus de 52% en faveur du « leave », le score n'était même pas serré, et constituait indéniablement, au choix, un désaveu cinglant, ou un questionnement profond sur la pertinence de la démarche de son initiateur.

Il est par ailleurs intéressant de noter que si la presse, et notamment la presse française, s'est empressé de souligner l'adhésion massive des jeunes au « remain », faisant du « leave » triomphant un vote conservateur et ringard -voire le fait de personnes peu informées et peu éduquées, comme l'ont exprimé certains commentateurs politiques ou intellectuels particulièrement condescendants-, l'analyse des résultats du scrutin ne le confirme guère : chez les 18-24 ans, 25% ont voté pour le « remain », 10% pour le « leave »… et 65% n'ont pas accordé suffisamment d'intérêt à la question pour prendre position et se rendre aux urnes. On a connu plus spectaculaire comme raz-de-marée d'adhésion de la jeunesse !

Le verdict de cet étrange référendum résulte finalement peut-être moins de l'absence d'une impression –nécessairement abstraite- d'européanité, que d'un souhait que l'on pourrait résumer par la formule *« I want my money back »* : celui du retour sur contribution. Et il faut bien avouer que de ce point de vue, l'économie britannique –l'une des plus dynamiques et florissantes de l'Union Européenne-, donne beaucoup plus qu'elle ne reçoit. Les grands bénéficiaires sont bel et bien les derniers entrants, dont le PIB est généralement moins élevé, et la croissance plus fragile ; ils vont aussi être les plus sensibles à la perte de ressources à laquelle l'UE va devoir faire face. Les partisans du Brexit ont d'ailleurs fait leur l'argument selon lequel la Grande-Bretagne alimentait la manne européenne sans beaucoup bénéficier de ses retombées, expliquant que le jeu n'en valait peut-être pas la chandelle, et tout ce que l'on pourrait faire avec ses fonds qui ne prendraient plus le chemin de Bruxelles. La logique du retour attendu sur contribution est rarement absente des négociations intergouvernementales sur le budget européen, le paradoxe étant que les péréquations européennes visant à l'harmonisation du marché intérieur de l'Union et des niveaux de vie ne peuvent pleinement fonctionner que si chacun dépasse ce légitime égoïsme. L'Allemagne, véritable moteur économique de l'Europe, en accepte mieux l'augure –on pourrait presque dire dans un esprit de contrition, comme si la redistribution d'une partie de ses richesses constituait une sorte de dédommagement historique dû à ses voisins. Mais les Britanniques n'ont nulle culpabilité pour venir nuancer un sentiment de dépossession financière, d'autant plus prégnant que peu de citoyens savent voir les retombées des politiques européennes sur leur vie quotidienne, si ce n'est sous la forme d'une inflation législative et normative qui indispose en Grande-Bretagne, pétrie de longue date d'esprit de libre-entreprise, plus qu'ailleurs.

Il faut bien avouer que le principe qui consiste, pour chaque Etat membre, à mettre dans la balance ce qu'il verse et ce que cela lui rapporte, qui fut l'un des arguments centraux des partisans du Brexit, peut très facilement se heurter à un écueil de taille : celui de l'intérêt commun, et des effets bénéfiques pour l'ensemble de l'Union Européenne, qui ne sont pas nécessairement quantifiables par et pour chaque Etat. Ainsi, l'Allemagne, grande puissance exportatrice, tire d'indéniables bénéfices de l'existence d'un Marché Unique, dont les règles tendent à converger ; ces avantages ne sont pourtant pas pris en compte dans le retour sur la très importante contribution allemande, mais contribuent indéniablement au dynamisme économique du pays comme de l'Union. Et que dire de sept décennies de paix sur le sol européen ? Cela n'a, au sens littéral, pas de prix... Mais le vote britannique du 23 juin 2016 a prouvé à quel point cette logique du retour sur contribution pouvait se révéler prévalente, en particulier dans une période où le spectre de la récession économique, s'il s'est éloigné, n'a pas totalement disparu, et où l'afflux de migrants, qui ne sont pas tous des réfugiés, fait craindre qu'il ne faille diviser entre de plus en plus de bénéficiaires les fruits de la prospérité économique européenne –l'absence de proximité de culture et de valeurs avec les nouveaux arrivants accroissant la difficulté du ressenti de ce dernier point. Le « Britain first » n'est peut-être pas une évidence pour tous nos voisins d'outre-Manche –encore que le verdict des urnes tend à prouver qu'il l'est pour une majorité-, mais il est hors de doute que le « Europa first » apparaîtrait comme simple bon sens aux yeux de l'écrasante majorité des citoyens européens, si on les consultait sur le sujet, et ce alors même que la crise d'identité européenne, fruit du multiculturalisme irraisonné d'une large part de ses élites, les prive d'une définition claire de ce qu'être Européen signifie, et d'un véritable sentiment d'appartenance, pouvant être formulé et revendiqué.

Le résultat du vote britannique est peut-être un oubli des externalités positives européennes, il n'en reste pas moins un vivant symbole d'un des plus beaux legs de l'Europe à la pensée politique : l'expression démocratique de la volonté d'un peuple quant à l'inflexion qu'il souhaite donner à son destin collectif. Personne ne saurait dénier ce droit aux citoyens d'un des Etats de l'Union Européenne. Personne... sauf Jacques Attali qui, tout en se donnant l'excuse de vouloir *« donner aux peuples le temps de réfléchir aux conséquences de leurs actes »*, prône bel et bien, via la sanctuarisation de certains sujets –dont fait bien évidemment partie l'appartenance à l'Union Européenne-, le déni de démocratie, puisque la volonté populaire, majoritairement exprimée par un vote démocratique, ne devrait à ses yeux pas suffire à les remettre en cause. Dans cette logique absurde, la Déclaration d'Indépendance américaine de 1776 aurait fort probablement été dénuée de valeur, du fait de l'antériorité et de la grandeur de l'appartenance à l'Empire britannique... Certes, on pourrait objecter que ce n'est pas la même chose, la Grande-Bretagne n'ayant pas été, jusqu'au Brexit, une colonie européenne. Mais toute négation du droit à l'auto-détermination des peuples remettrait bel et bien au goût du jour la possibilité, moralement hautement contestable, d'empires coloniaux.

Quand Monsieur Attali affirme, dans le même article, qu'*« admettre que l'on puisse remettre en cause des acquis revient à nier la notion de progrès »*, on ne peut que lui donner raison... et lui faire remarquer que le reste de son raisonnement remet en cause un acquis fondamental, et de longue date, puisque nous le devons aux Grecs de l'Antiquité : celui de la démocratie. L'Europe porte dans son ADN l'idée fondamentale que *« Vox populi, vox Dei »*, et que l'expression de la volonté du plus grand nombre prévaut légitimement, même quand un technocrate aigri n'est pas d'accord avec un résultat qui contredit ses souhaits et prospectives, pour lesquelles il fait fausse route depuis des décennies avec une remarquable constance. Bien peu, dans les 27 autres Etats membres de l'UE, voyaient d'un bon œil la perspective d'un Brexit, mais nul, à part Jacques Attali, n'a remis en cause la légitimité du verdict des urnes. L'Europe a inventé la démocratie voici plus de 2000 ans ; Jacques Attali a tenté, en juin 2016, d'inventer la démocratie relative... Gageons que son invention ne rencontrera, et c'est heureux, ni le même succès, ni la même postérité !

On doit signaler que les commentaires catastrophistes parus dans la presse au lendemain du référendum, et l'affolement a minima fort prématuré des places boursières, ont conduit plus de deux millions et demi de Britanniques à pétitionner pour demander un nouveau vote sur le même sujet -requête évidemment impossible à satisfaire, car contraire à l'esprit même de la valeur que l'on doit accorder au verdict des urnes. Ce chiffre de deux millions et demi n'est d'ailleurs, quand on y regarde de plus près, pas vraiment le raz-de-marée de l'opinion que l'on s'est plu à nous dépeindre : c'est finalement fort modeste au regard des 28% de Britanniques qui ne se sont pas rendus aux urnes, et des 48% qui ont voté pour le « remain » ! On doit probablement y voir l'expression, très humaine, d'une inquiétude individuelle et collective face à un changement pressenti comme majeur, et qui pourrait bien en annoncer d'autres en cascade, en particulier si la volonté écossaise de prendre son indépendance vis-à-vis de la Grande-Bretagne pour demeurer dans le giron européen venait à se concrétiser, ainsi que l'a très clairement souhaité le Premier Ministre d'Ecosse, Madame Strugeon, annonçant dès le 26 juin 2016 un nouveau référendum écossais comme *« hautement probable »*, et déclarant que *« Ce qui va arriver , c'est qu'il va y avoir des conséquences très douloureuses pour le Royaume-Uni (...) Je veux essayer de protéger l'Ecosse de ça »*. Interrogée, lors de sa conférence de presse, sur ce qu'elle souhaitait obtenir dans le cadre des négociations et s'il s'agira pour l'Ecosse d'essayer d'entrer dans l'UE, elle a d'ailleurs précisé que *« Ce ne sera pas une décision sur l'Ecosse qui part, ce sera une décision sur l'Ecosse qui reste »*. *« Notre argumentation c'est que nous ne voulons pas sortir. Nous ne voulons pas sortir, pour ensuite revenir »*. Tout cela laisse supposer un calendrier plutôt resserré pour l'organisation d'une nouvelle consultation dans la patrie de William Wallace, et la Grande-Bretagne pourrait bien, à brève échéance, n'être plus que l'Angleterre si, dans la foulée, la volonté de l'Irlande du Nord de voir renaître l'unité de l'île pour demeurer dans l'Union venait à se concrétiser. L'Europe pourrait donc très rapidement être de nouveau celle des 28.

Il est, par ailleurs, intéressant de noter que, dès son entrée dans l'Union Européenne, en 1973, la Grande-Bretagne a éprouvé des états d'âme sur le sujet, et le besoin récurrent, paradoxalement souvent matérialisé par le parti Travailliste, pro-européen, de consulter sa population quant à la pertinence de cette appartenance. Le premier référendum concernant une éventuelle sortie de l'Union Européenne a ainsi eu lieu en Grande-Bretagne, dès 1975, et même si la poursuite de cette expérience commune a été votée, c'est un signal fort de la persistance de la pensée de Winston Churchill, qui estimait que *« Chaque fois que la Grande-Bretagne aurait le choix de regarder vers l'Europe ou vers le grand large, elle choisirait le grand large »*. Faut-il vraiment être surpris que cet Etat insulaire ait toujours eu la tentation d'affirmer sa vocation atlantiste, et son attachement au Commonwealth, plus fort que celui ressenti à l'égard d'une union continentale dont il a tendance à se voir plus voisin que membre ? N'oublions pas, de plus, que la redistribution des fonds européens se fait beaucoup par le biais des politiques agricoles et que la Grande-Bretagne, traditionnellement fort peu tournée vers le secteur primaire, bénéficie à ce titre d'un faible retour sur investissement. Et, comme nous l'avons vu, la logique *« I want my money back »*, initialement formulée par Margaret Thatcher, est souvent plus présente que l'intérêt collectif européen. De ce point de vue, même si la Grande-Bretagne a obtenu un régime dérogatoire qui la conduit à verser moins à Bruxelles qu'elle ne le devrait si on lui appliquait le même mode de calcul qu'à ses partenaires, le sentiment d'être financièrement floués par l'appartenance à l'Union a toujours nettement plus présent chez les Britanniques que nulle part ailleurs en Europe. D'où le caractère à haut risque d'un référendum outre-Manche, et la surprise très relative que constitue le résultat du vote du 23 juin 2016, même s'il fut vécu et commenté sur le mode du séisme géopolitique et géoéconomique.

Reste à savoir si ce Brexit est le symptôme du caractère et du positionnement atypiques de la Grande-Bretagne par rapport à ses voisins continentaux, ou si l'on doit y voir le commencement d'un délitement annoncé des institutions européennes qui, en mal d'identité affirmée et de valeurs communes clairement exprimées pour fédérer ses citoyens, sont mal armées pour faire face au départ en forme de désaveu d'un Etat membre... surtout quand il s'agit de celui d'un pays dont l'économie figurait dans son trio de tête, et était un indéniable moteur de dynamisme et de croissance.

Les anti-Brexit, en Grande-Bretagne et ailleurs, ont eu beau avancer pendant des mois qu'une sortie de l'Union serait un cataclysme immédiat pour l'économie britannique, avec recul de plusieurs points de la croissance et déplacement vers Paris du barycentre des sièges sociaux des grandes entreprises et de l'activité boursière européenne, force est de constater que les premières semaines n'en donnent guère de signes : l'affolement boursier des premiers jours a vite montré qu'il n'était qu'un feu de paille dû à l'effet de surprise, et non la lame de fonds dévastatrice dépeinte avant le vote par les anti-Brexit dans l'hypothèse où la victoire viendrait à leur échapper. En premier lieu parce que l'écrasante majorité des entreprises multinationales basées et Londres ont fait savoir ou fait comprendre qu'elles désiraient y demeurer. En second lieu parce que, pour celles qui envisagent le départ –d'ailleurs souvent plus comme une vue de l'esprit en fonction de l'évolution des événements que comme une urgence- Paris, et la France en général, malgré son enthousiasme à jouer les terres d'accueil pour europhiles en perdition, n'est guère une destination plausible : outre le coût de la fiscalité et celui du travail, beaucoup plus lourds qu'à Londres, les événements sociaux particulièrement mal gérés de ces derniers mois –qu'il s'agisse des atermoiements autour de la Loi Travail, du mouvement Nuit Debout ou des syndicalistes entremêlés de casseurs qui s'en prennent même aux hôpitaux-, donnent une image trop déplorable de notre pays pour que la qualité de vie –indéniable- puisse encore constituer un vecteur suffisant d'attractivité internationale. Si certaines entreprises quittent effectivement la Grande-Bretagne dans les prochains mois, il y a fort à parier que leur destination sera Dublin, ville anglophone avec un régime fiscal et des modes de fonctionnement familiers, voire Edimbourg avec la perspective référendaire, ou encore Luxembourg qui, durant les premiers mois de l'année 2016, tout en se déclarant farouchement partisane du maintien de l'intégrité de l'Union, se préparait activement pour tirer le meilleur parti des opportunités, inhérentes à tout changement, que générerait un Brexit.

La presse ne s'y est d'ailleurs pas trompée : au début du mois de juin 2016, à quelques jours du référendum, Pierre Gramegna, ministre luxembourgeois des Finances, racontait que *« Des journalistes plus ou moins bien intentionnés me demandent si une sortie de l'UE du centre financier londonien ne donnerait pas un coup d'accélérateur à la place luxembourgeoise »*, précisant que *« je ne partage pas cette analyse, même si je suis content que différents acteurs considèrent le Luxembourg en cas de Brexit »*. Une modestie affichée et des tractations en sous-main, qui constituent une démarche exactement contraire à celle adoptée par la France, qui n'a cessé de crier haut et fort que Paris était l'alternative évidente à Londres, mais n'a entrepris nulle action pour créer des conditions faisant que cela puisse être suivi d'effets. Si nul, même au Luxembourg, ne remet en cause le fait qu'à terme, ainsi que l'a signifié Jean-Claude Juncker, Président de la Commission Européenne, l'UE pourrait être *« moins forte commercialement »* sans le Royaume-Uni, certains analystes, et non des moindres, n'en soulignent pas moins à mi-voix que le Luxembourg serait une destination et une solution toute désignée pour les entreprises basées à Londres et peu soucieuses de perdre leur passeport européen.

Le Haut Comité de la place financière, organe informel rassemblant des représentants du Ministère des Finances et les principales sociétés du Luxembourg, a ainsi passé des mois à travailler discrètement sur les différents scénarii qui pourraient se faire jour dans ce cadre, tablant notamment sur l'attractivité du régime fiscal du Grand-Duché, d'une situation sociale stable et maîtrisée, et d'un secteur bancaire déjà bien étoffé, puisqu'il compte 143 établissements. La démarche luxembourgeoise a consisté à prendre des contacts informels très en amont pour faire valoir son attractivité auprès des établissements bancaires extra-communautaires basés à Londres, visant tout particulièrement les institutions américaines, australiennes, canadiennes, suisses et turques, jouant la carte du « headquartering » en les invitant à établir au Luxembourg leur quartier général européen. HSBC et J.P. Morgan étudieraient ainsi l'opportunité d'un transfert de leurs activités de gestion de fortune et de fonds d'investissement vers le Grand-Duché, et leur démarche de moyen terme correspond pleinement aux prévisions luxembourgeoises, qui n'imaginent de transferts d'activité effectifs qu'à l'horizon 2018 dans le meilleur des cas, quand les bases des nouvelles relations entre la Grande-Bretagne et l'Union Européenne auront été posées. Et, si les six plus grandes banques chinoises sont déjà basées au Luxembourg, d'autres, qui ont attendu le résultat du référendum avant de décider de leur lieu d'implantation, pourraient bien se trouver tentées de les suivre. Le résultat de ce référendum, dont la date coïncide avec la Fête Nationale luxembourgeoise, pourrait donc conduire à voir dans les implantations à venir une prophétie auto-réalisatrice teintée de déterminisme astrologique.

S'agissant des conséquences du Brexit en matière économique et financière, elles ne seront bien évidemment valablement mesurées qu'à long terme, mais ne semble guère destinées à ressembler au cataclysme annoncé par les marchés, qui s'étaient mis à croire au « remain » en dépit des sondages, surtout après l'assassinat de la députée Jo Cox, à une semaine du scrutin. Si l'effet de surprise les a fait décrocher dans un premier temps, le décrochage a somme toute été bref et beaucoup moins important qu'on ne pouvait l'anticiper ; au final, les investisseurs, loin de paniquer, se sont contentés de réallouer leurs portefeuilles vers des actifs jugés plus sûrs et plus stables –y compris l'or, qui continue à bénéficier de son aura de valeur-refuge dans les périodes incertaines, même si cela fait beau temps qu'il ne sert plus à la convertibilité automatique des monnaies (en particulier du dollar : quand sa convertibilité en or cesse, en 1971, avec les Accords de la Jamaïque, les taux de change, d'abord fixes, puis ajustables depuis les Accords de Bretton Wood en 1944, deviennent flottants).

Il n'y a pas eu d'éclatement de la bulle financière, notamment parce que la Banque Centrale Européenne –dont on peut supposer qu'elle avait, elle, anticipé le Brexit- a rapidement rassuré les marchés en procédant à des rachats d'actifs pour stabiliser les cours. A l'aune de tout cela, un mois après le Brexit, les prévisionnistes alarmistes qui voyaient le Royaume-Uni perdre 5 points de PIB ne parlent plus que de 2, et ne se hasardent plus guère à affirmer que cet effet sera durable ou au contraire, transitoire. La crise politique britannique est plus grave, à la suite du Brexit, que le risque économique : Ecosse et Irlande du Nord qui manifestent de fortes velléités d'indépendance pour demeurer dans l'EU, gouvernement dirigé par un Premier Ministre démissionnaire, Parti Conservateur et Parti Travailliste désormais sans leader... Il va en résulter un attentisme et un report d'investissements qui sera d'autant plus sensible que les négociations dureront –ce qui n'est, au final, et malgré les atermoiements de David Cameron à recourir lui-même à l'article 50, pas plus dans l'intérêt de la Grande-Bretagne que de ses anciens partenaires européens. Sans compter, si la concrétisation du Brexit venait à tarder, la situation ubuesque que constituerait le fait de voir un pays sortant prendre la présidence tournante de l'Union au 1er juillet 2017, comme le prévoit le calendrier !

La sortie de la Grande-Bretagne du giron de l'Union Européenne aura aussi des conséquences plus anecdotiques, mais sans doute plus proches du quotidien des Britanniques : les Cornish Pasties, ces petits chaussons salés dont la pâte brisée est fourrée de viande de bœuf, d'oignon, de pomme de terre et de rutabaga, originaire de Cornouailles, comme leur nom l'indique, mais que l'on trouve aisément dans toutes les gares du pays, vont perdre leur Appellation Géographique Protégée (AOP), label européen… ce qui a conduit certains anti-Brexit à s'insurger, face à la crainte que la fin annoncée du cahier des charges de l'AOP ne conduise à l'impensable sacrilège gastronomique de voir le rutabaga remplacé par de la carotte ! Si Dieu est dans les détails, certains pourraient donc se mettre à le chercher dans la composition de la farce des Cornish Pasties. Brexit ou non, nos amis britanniques sont toujours fort inattendus !

Outre ces considérations gastronomiques, ce référendum sur le Brexit pourrait bien s'avérer une faute encore plus grave pour la cohésion de la Grande-Bretagne que pour celle de l'Europe, ainsi que nous l'avons déjà souligné : si l'on effectue une analyse fine de la répartition des votes sur le territoire, on constate aisément que c'est l'Angleterre qui s'est massivement, hormis la ville de Londres, prononcée en faveur du Brexit, Ecosse et Irlande du Nord se signalant, pour leur part, europhiles à plus de 60%. Comment s'étonner, dès lors, que le Premier ministre écossais, Nicola Sturgeon, dirigeante du Parti National Ecossais depuis 2014, se soit exprimée pour réaffirmer le souhait de ses concitoyens de préserver leur lien avec l'Europe, fût-ce au prix d'une prise de distance avec la Couronne britannique, et leur souhait d'un nouveau référendum sur le sujet, dont le résultat, dans ce contexte, ne fait d'ailleurs guère de doute ? Et il se murmure que l'Irlande du Nord pourrait emboîter le pas aux Ecossais, et le Royaume-Uni devenir un Royaume-Désuni, implosant plus vite encore que l'Europe, pourtant elle-même brusquement affectée d'une vague de tentations référendaires, y compris chez des membres fondateurs, comme les Pays-Bas ou la France, qui furent signataires du Traité de Rome, le 25 mars 1957. *« A force de dire oui à tout, on disparaît soi-même »*, disait le Général de Gaulle… La Grande-Bretagne, pourtant, pourrait bien disparaître d'avoir dit non à l'Europe, et n'être plus que l'Angleterre –a priori augmentée du Pays de Galles voisin, il est vrai, bien que cette région ait fait mentir toutes les prévisions en votant elle aussi contre le Brexit à plus de 60%.

Les prises de position politiques, dans les jours qui ont précédés le vote britannique sur le Brexit, sont fort intéressantes à considérer, car elles si elles n'envisagent généralement pas la perspective avec enthousiasme, elles illustrent indéniablement toutes les nuances allant du pessimisme le plus absolu au réalisme teinté de fatalisme. Ainsi, lors d'un débat radiophonique qui eut lieu le 20 juin 2016, à trois jours de l'échéance, entre Nicole Fontaine, ex-présidente du Parlement Européen, et Nikos Papas, Ministre d'Etat grec, alors que la première déclarait qu'« *un divorce à l'amiable est souhaitable... Leur départ serait une clarification, pas la mort de l'UE, au contraire. Même si ce n'est pas politiquement correct de le dire... S'ils restent, les autres vont demander les mêmes concessions à la carte* », le second se montrait nettement plus inquiet quant aux conséquences pour l'UE et ses autres Etats membres, estimant que « *Le coût d'un Brexit serait surtout politique. Le Brexit ruinerait la confiance politique des Etats membres. Je ne suis pas d'accord avec la thèse selon laquelle les Britanniques devront porter un fardeau supplémentaire pour résoudre la crise grecque : être membre, c'est avoir des opportunités, des obligations. Je pense que les Britanniques devraient faire le choix de rester* ». Nicole Fontaine exprimait donc la crainte, si le Brexit n'avait pas eu lieu, qu'on assiste à une contagion des demandes de régimes dérogatoires, comme on voit aujourd'hui celle des velléités référendaires, alors que Nikos Papas traduit l'inquiétude grecque de voir la deuxième économie européenne cesser de contribuer à la prospérité commune.

Parmi les conséquences de la sortie des Britanniques de l'UE, il ne faut pas manquer de mentionner un changement des équilibres entre les groupes parlementaires au sein du Parlement Européen, que l'on comprend facilement si l'on considère que, jusqu'à ce référendum, il y avait 73 députés britanniques, dont deux présidents de groupe, un questeur, trois présidents de commission, quatre vice-présidents de commission, sept présidents de délégation et cinq vice-présidents de délégation. Par ailleurs, 35 rapports actuellement en cours impliquent des eurodéputés britanniques, et leur défection va impliquer des retards dans leur finalisation, voire des inflexions dans les argumentations et les conclusions, en fonction des sujets. Bien évidemment, les eurodéputés britanniques demeurent membres du Parlement Européen tant que la Grande-Bretagne reste membre de l'Union Européenne, c'est-à-dire tant que l'article 50 n'a pas été invoqué. Cependant, dans l'intervalle, on imagine mal les eurodéputés d'un pays notoirement sortant conserver la moindre influence, même transitoire, sur des décisions concernant l'avenir d'une structure supranationale qu'ils s'apprêtent à quitter, mettant ainsi en péril ses équilibres internes, voire sa pérennité.

Les réactions des dirigeants internationaux à la perspective du

Brexit et au Brexit n'ont pas été sans susciter analyses et commentaires. Ainsi, Nigel Farage, député européen britannique eurosceptique à l'origine de la création du Parti UKIP a déclaré, alors qu'il était interviewé sur Fox News concernant la visite de Barack Obama au Royaume-Uni, que la conduite du chef de l'Etat américain était *« honteuse »* : *« Nous dire que nous nous retrouverions « en bout de file ». Nous, le plus ancien et le principal allié des Etats-Unis, nous traiter de cette façon extraordinaire ! »*. Il n'est d'ailleurs pas très étonnant qu'à l'issue de cette visite les Britanniques, eurosceptiques ou non, ce soit montrés quelque peu ulcérés par l'attitude d'un allié historique leur déclarant avant le vote qu'en cas de Brexit, les Américains privilégieraient l'Union Européenne. Comment renoncer aux bénéfices attendus du Traité Tafta, encore en négociation qui, s'il est présenté comme un outil pour faire contrepoids à la prévalence annoncée du droit chinois dans le droit des affaires d'ici deux à trois décennies, reviendra, de fait, à créer à beaucoup plus brève échéance une prévalence des normes américaines dans les échanges commerciaux ? De ce point de vue, le silence de Vladimir Poutine, durant toute la campagne, est apparu comme plus respectueux du choix des Britanniques (un comble quand on regarde de près l'attitude du chef de l'Etat russe lors des crises récentes avec d'anciennes républiques soviétiques, sur fonds d'autodétermination et d'autonomie !), et plus à même de préserver l'avenir.

De même, il est particulièrement intéressant de noter à quel point les hommes politiques français, même au sein d'une même famille politique, dans les heures précédant les résultats de la consultation britannique, exprimaient des sensibilités différentes quant à la pertinence de l'exercice référendaire sur les questions européennes : alors de Bruno Le Maire, lors de sa visite à Bruxelles, le 23 juin 2016, affirmait son projet, s'il était élu Président de la République, de consulter les Français pour leur proposer plus d'Europe et *« effacer la blessure de 2005 »*, Jean-François Copé, également en visite, le jour précédant, dans la capitale belge, mettait pour sa part très lucidement en garde contre *« cette roulette russe »* référendaire, et les leçons que les promoteurs d'un tel scrutin dans l'Hexagone pourraient tirer de la campagne britannique. Ces divergences de principe, aussi sensibles soient-elles, n'ont pourtant pas empêché les dirigeants des Républicains d'approuver à l'unanimité une déclaration commune moins de quatre jours après la promulgation des résultats du référendum britannique, lors du Bureau Politique exceptionnel du 27 juin 2016.

Ce texte prend acte du « *rejet croissant de la construction européenne telle qu'elle fonctionne* », et insiste sur la nécessaire rapidité des conséquences à en tirer, faisant très clairement allusion à la décision de David Cameron de laisser à son successeur le cadeau empoisonné de mettre en œuvre l'article 50 –sur lequel nous reviendrons. La déclaration commune des Républicains souligne, en outre, que les enseignements à tirer de ce référendum ne concernent pas seulement l'avenir de la Grande-Bretagne mais, plus largement, celui de l'Europe, qui doit se refonder avec une conscience claire de ses frontières, et de son indépendance politique et économique, avec des compétences redéfinies autour de quelques priorités stratégiques (marché intérieur, Politique Agricole Commune, industrie, énergie, recherche, concurrence, politique commerciale et numérique), laissant les autres domaines à la responsabilité et à la souveraineté des Etats membres. La lutte contre l'inflation normative et l'arrêt immédiat du processus d'élargissement sont également mentionnés comme des éléments incontournables pour reposer de solides fondations pour cette maison commune européenne où la colocation semble pour l'instant fort malaisée à vivre au quotidien.

Nicolas Sarkozy, dans les propositions qu'il a formulé à la suite du Brexit, évoque tout naturellement l'ensemble des points mentionnés dans la déclaration commune des membres du Bureau Politique des Républicains, qu'il a largement inspirée ; il souligne en plus l'importance pour la France de conserver son indépendance face aux puissances internationales, qu'elles soient étatiques, comme les Etats-Unis, ou supra-étatiques, comme le Fonds Monétaire International (FMI). Il suggère, en particulier, la création d'un Fonds monétaire européen. Sa déclaration du 25 juin, parue dans le Journal du Dimanche, résume parfaitement sa position quant aux mesures à envisager à la suite du vote britannique : « *L'Europe, désormais à 27, ne peut plus fonctionner de cette manière. La question de sa refondation est donc urgente. (...) La crise que nous vivons est majeure. Le message des Britanniques éclate à la face de tous les gouvernements d'Europe. Il serait irresponsable de ne pas en tenir compte.* » Pour Nicolas Sarkozy, comme pour tous les principaux responsables des Républicains, la refondation de l'Europe passe nécessairement par un retour à plus de souveraineté des Etats membres.

S'il est un point qui fait consensus dans la classe politique française comme dans celle des pays fondateurs de l'Union Européenne, c'est bien la nécessité d'un divorce rapide avec les

Britanniques, à présent qu'ils en ont formulé le souhait. C'est également dès le 27 juin 2016 que Jean-Christophe Cambadélis, dans un des Cahiers de la Présidentielle consacré à l'Europe, déclare que *« L'Europe est menacée de dilution et de désintégration »* ; il y fait part de son souhait de voir *« l'urgence en Europe sur la sécurité, la défense et l'investissement »* (aussi paradoxal soit-il de voir l'un des chantres du multiculturalisme se faire celui d'une défense européenne, alors même qu'une défense intégrée européenne demeurera une impossibilité philosophique et pratique tant que l'affirmation de valeurs communes et d'une identité commune n'aura pas forgé un réel « patriotisme européen » !). Pour le Premier Secrétaire du Parti Socialiste, donc, il n'y a pas de temps à perdre, *« ni en discussion politique sur la sortie de la Grande-Bretagne –le débat est maintenant technique- ni en débat politicien sur le référendum ou un nouveau traité »*. Monsieur Cambadélis, s'il ne semble pas vouloir discuter de grand 'chose, est donc pressé, comme tout le monde. Deux jours plus tôt, lors de sa rencontre avec François Hollande, il avait formulé l'objectif de se tourner *« vers la famille, ceux qui sont en Europe et qui l'assument »*, sans considérer que la question est désormais moins celle de l'appartenance à l'Europe que de savoir à quelle Europe, la version fédéraliste qui servait jusque alors d'inspiration et de commune aspiration étant tout à coup devenue manifestement obsolète.

Cette obsolescence programmée est-elle, d'ailleurs, une vraie surprise ? Le modèle fédéral semble ne faire nulle part très longtemps recette : même aux Etats-Unis, dont les 50 Etats, contrairement aux membres de l'Union Européenne, partagent dans les grandes lignes la même langue et la même histoire, la désaffection pour l'échelon fédéral est patente, et la raison en est simple : alors que les Etats privatisent les succès pour s'en attribuer les mérites, ils ont une nette tendance à socialiser les échecs et les difficultés pour en faire porter le poids à la structure supra-étatique... Un discours qui est loin de nous être étranger : combien de fois les populations européennes, souvent mal informées des complexités des domaines d'attribution et du principe de subsidiarité, ont-elles chaque année l'occasion d'entendre que c'est « la faute à l'Europe », « une directive de Bruxelles », « une conséquence de la Politique Agricole Commune », etc... ? En ce sens, le Brexit pourrait bien être une conséquence de l'absence d'une éthique de la responsabilité qui soit plus qu'une affirmation creuse chez l'ensemble des politiques des 28 Etats européens, prompts à faire endosser à des institutions que les citoyens comprennent peu et connaissent mal, la responsabilité de toute situation déplaisante. On ne peut guère s'étonner de voir la gauche de notre classe politique plus prompte que son aile droite à condamner le Brexit, et moins impliquée à en tirer les conséquences : le Brexit est par essence néolibéral. Il serait pourtant tentant de leur faire remarquer que c'est également le cas de l'Union Européenne qu'ils sanctuarisent, voire déifient si volontiers !

On peut aussi noter la position, concernant le vote du Brexit par les Britanniques, de Valéry Giscard d'Estaing, troisième Président élu de la Vème République et européen convaincu qui, invité le lundi 27 juin de deux clubs de réflexion, s'est voulu résolument optimiste pour l'Europe, insistant tout particulièrement sur les valeurs communes des différents Etats qui la composent : *« Nous avons une civilisation superbe. Il faut construire un avenir »*. Il a ainsi rappelé que lors des prémices de la construction européenne, au lendemain de la Seconde Guerre Mondiale, *« nous avons su faire d'une Europe déchirée un exemple pour le reste du monde »*, et que nous pouvons donc le refaire, sous réserve de remédier au fait que *« Bruxelles est la capitale d'une bureaucratie, et non pas d'une démocratie. C'est une bureaucratie coupée du peuple et sans chaleur »*. Valéry Giscard d'Estaing propose, pour y remédier, l'institution d'une assemblée composée concomitamment d'élus nationaux et d'élus européens, un nombre plus restreint de commissaires, et l'abandon *« du principe absurde de l'égalité des petits et des grands pays au sein de l'Union Européenne »*. Il critique implicitement l'élargissement, et plus encore les tentations futures d'élargissement, précisant que *« le groupe des six pays fondateurs était capable d'avoir un projet et de le mettre en œuvre »*. Face à ces constats, d'où vient, alors, son optimisme ? Tout simplement du fait que l'Europe compte parmi *« les civilisations les plus évoluées et les plus brillantes du monde »*, et qu'elle se montre exemplaire *« sur le plan de la justice de l'honnêteté, et par le soin pris des catégories les plus fragiles »*.

Le 27 juin 2016 aura décidément été la date où auront été officiellement tirées les conséquences du référendum britannique, y compris au niveau des pays fondateurs de l'Union Européenne : François Hollande, Angela Merkel et Matteo Renzi se sont ainsi réunis ce jour-là à Berlin, avant de donner une conférence de presse commune, d'où il ressort clairement la volonté –ou l'obligation ? - de donner une nouvelle impulsion au projet européen après la victoire du Brexit. Leur déclaration visait aussi très clairement à pousser David Cameron à préciser et à hâter le timing du recours à l'article 50, qui matérialise, pour un Etat membre, sa volonté de quitter l'Union, précisant qu'il n'y aurait pas de négociation sur la nature des futures relations entre la Grande-Bretagne et ses anciens partenaires européens, et sur les possibilités d'accès au Marché Unique, tant que la procédure de sortie ne serait pas concrètement et irrémédiablement enclenchée : *« Nous sommes d'accord là-dessus : il n'y aura pas de discussions formelles ou informelles sur la sortie de la Grande Bretagne de l'UE tant qu'il n'y aura pas de demande de sortie de l'UE au niveau du Conseil Européen »*. A n'en pas douter, une forte déconvenue pour le gouvernement britannique qui, faute d'avoir pu empêcher le Brexit, souhaitait visiblement ne le concrétiser qu'après avoir négocié les conditions les plus favorables ! Même si David Cameron sauve la face, sur ce dernier point, en laissant à son successeur le soin de mettre en œuvre l'article 50, il a, dès le lendemain de cet événement, dû annoncer dans une réunion à Bruxelles de l'ensemble des partenaires européens, une accélération de plus d'un mois de son calendrier initial, fixant désormais au 9 septembre 2016 au plus tard la date de la passation de pouvoir. François Hollande, qui a estimé publiquement qu'il ne fallait pas *« perdre de temps »* dans la procédure de séparation du Royaume-Uni avec l'UE, n'est d'ailleurs sans doute pas étranger à l'annonce de ce nouvel agenda, car la Chancelière allemande, tout en formulant les mêmes attentes, se montrait visiblement moins pressée, ou en tous cas prête à voir le calendrier de cette sortie annoncée se dérouler *« dans les prochains mois »*, sans précision supplémentaire, si ce n'est d'y associer une *« nouvelle impulsion »* pour l'Europe.

Pour bien comprendre l'aspect déterminant de la mise en jeu de l'article 50, il faut préciser que le référendum britannique du 23 juin 2016 -même si tenir compte de son résultat représente, pour le gouvernement de ce pays, une obligation déontologique vis-à-vis de sa population- n'a pas en lui-même de valeur juridique, ou de valeur contraignante. Retarder le Brexit et laisser la charge de le concrétiser à son successeur représente donc, pour David Cameron, un coup de maître, car il ne pourra en aucun cas être tenu pour responsable des conséquences économiques, politiques et territoriales qui pourraient en résulter. Ce n'est d'ailleurs pas par hasard si Boris Johnson, partisan du « leave » et alors probable futur locataire du 10 Downing Street -même s'il y a depuis renoncé, ainsi que nous l'avons déjà mentionné-, a martelé, pendant toute la durée de la campagne, qu'en cas de victoire du Brexit, l'article 50 devrait être immédiatement invoqué ; l'ambition de l'ancien maire de Londres a fait long feu devant la perspective de faire face au cadeau empoisonné qu'il souhaitait éviter. Sa popularité, en cas de difficultés économiques et politiques majeures, aurait indéniablement risqué de très fortement en pâtir.

La mise en jeu différée de l'article 50 a même poussé certains commentateurs, dans les premiers jours de juillet 2016, à s'interroger sur le caractère effectif qu'aurait ou non le Brexit, compte tenu du nombre de referenda consultatifs sur l'Europe dont le résultat a été purement et simplement ignoré, comme ce fut le cas, en France comme au Pays-Bas, de celui de 2005. Pourquoi ce vote de la population de Grande-Bretagne serait-il respecté, alors que de précédents votes consultatifs ne l'ont pas été, comme pour les Traités de Maastricht de Nice ou de Lisbonne ? Si la question n'est pas illogique si l'on tire les leçons du passé récent, il ne faut pas oublier que le contexte a changé, et que l'Union Européenne et ses institutions, entre négociations opaques du traité TAFTA, son pendant avec le Canada, le Traité CETA -adopté quasi en catimini alors que l'attention de tous était tournée vers les commentaires du référendum britannique- et la gestion catastrophique de la crise des migrants, ont vu leur légitimité considérablement écornée dans l'esprit des citoyens européens. Il ne faut pas oublier non plus que cette fois, le résultat émane de la population traditionnellement la moins europhile de l'Union, et donc la moins à même d'admettre que sa voix, sur un tel sujet, ne soit pas respectée... d'autant que l'organisation de la consultation a été un coup de poker de David Cameron pour renforcer sa position fragilisée en matière de politique intérieure. Impossible de faire fi d'une opinion populaire sur laquelle on prétendait s'appuyer ! Dans ce contexte, les autres dirigeants européens eux-mêmes font pression pour que le résultat du vote du 23 juin 2016 trouve sa concrétisation par une rapide sortie des Britanniques, car ils pressentent que le fragile satisfecit de beaucoup des opinions publiques nationales en faveur de l'Union Européenne ne survivrait pas à ce qui pourrait être ressenti comme un nouveau déni de démocratie, propre à transformer une crise d'identité et une crise de légitimité en un rejet pur et simple. Le Brexit n'est pas le Guerre de Troie façon Jean Giraudoux : il aura bien lieu, et Cassandre a raison, même si certains peinent à la croire...

Un référendum national sans conséquence juridique obligatoire qui déclenche un véritable séisme dans 28 Etats, voire dans tout le monde occidental, opinions publiques et classes politiques confondues, voilà qui n'est certainement pas banal, et somme toute largement inédit !

Chapitre 2

L'Europe, fruit de valeurs partagées...

Le divorce entre l'Europe et ses citoyens, l'absence de sentiment d'appartenance, est probablement le fruit de l'absence d'une personnalité et d'une fonction qui incarnent l'Europe comme une évidence aux yeux des Européens... et du reste du monde. Si l'Europe est souvent perçue comme désincarnée et technocratique, c'est sans doute parce que ça technostructure a cru pouvoir se passer d'un gouvernement pour se contenter d'une gouvernance. Mais une gouvernance n'est pas porteuse d'identité, d'où la recherche d'une figure tutélaire –historique ou contemporaine- qui pourrait incarner l'Europe et lui donner une réalité – et nous verrons que c'est loin d'être anecdotique pour se projeter sur le long terme et partager une ambition commune qui soit un moteur économique, social et culturel.

Tant que les citoyens des pays de l'Union Européenne ne se percevront pas comme des citoyens européens, tant que la supra nationalité ne sera pas devenue un élément identitaire à part entière, un vecteur de définition de soi comme peut l'être la nationalité, l'Europe continuera à paraître lointaine, son action sur la vie quotidienne de chacun au mieux fort peu perceptible, et elle se trouvera souvent accusée de tous les maux -de façon paradoxale, puisque l'idée européenne continue d'être aimée pour ses bienfaits, à commencer par sept décennies de paix à l'intérieur de ses frontières. A ce titre, la reconnaissance, l'affirmation et la défense de valeurs communes apparaissent comme des dimensions incontournables pour que l'Europe devienne enfin un vecteur d'identité explicite, et retrouve cet optimisme, cette flamme qui construit les civilisations et en porte le flambeau, qui semble s'être diluée dans la perplexité face aux déséquilibres et la désappropriation identitaire engendrés par une globalisation plus subie que pensée.

Le citoyen d'un Etat-Nation était, et espérons-le, demeure, par définition, identifiable et capable de s'identifier. Ce n'est certes pas ce que l'on attend du consommateur dans un grand marché mondial pour lequel la convergence des réglementations, des identités et des habitudes de vie est la première nécessité, comme si ne plus devoir assumer les surcoûts de l'intelligence culturelle et de l'adaptation des campagnes marketing et des méthodes de management valait tous les renoncements. Renoncer à l'identité nationale aurait pu être un choix européen consenti, mais il aurait signifié, encore une fois, l'émergence de la conscience forte et partagée d'une identité européenne, qui est la grande absente. Les Britanniques, que leur insularité rend sans doute plus sensibles à un contexte institutionnel qui laisse les particularismes conserver la préséance sur l'intégration, en ont tout simplement tiré les conséquences lors du référendum du 23 juin 2016. *« Messieurs les Anglais, tirez les premiers »*, pourrait-on dire, pour reprendre les mots qui auraient été prononcés au cours de la bataille de Fontenoy, sous le règne de Louis XV. Cette bataille opposa les troupes franco-irlandaises, conduites par le Maréchal de Saxe, aux troupes anglaises, hanovriennes, hollandaises et autrichiennes, commandées par le Duc de Cumberland. Plus de 130 000 hommes participèrent à ce combat qui avait pour objectif la conquête de la ville de Tournai et de la Flandre.

Pourtant, les institutions européennes évoluent dans un sens qui semble postuler une légitimité accrue, qui n'est pas ressentie par les populations : ainsi, le mode de scrutin qui faisait, jusqu'à la loi du 11 avril 2003, que notre pays était une seule circonscription et envoyait ipso facto ses représentants au Parlement Européen, a évolué vers l'institution de huit circonscriptions sur notre territoire, ce qui aboutit à cette situation plutôt paradoxale qui fait des députés européens les représentants de fait de Bruxelles auprès de leur région d'élection, et surtout de ses habitants. Cela n'a d'ailleurs pas été à l'avantage de nos députés européens, qui ont perdu en visibilité nationale, et probablement aussi en poids pour peser sur les débats, puisqu'ils représentent une plus faible portion de la population européenne, et une entité territoriale dépourvue d'identité propre. Comment s'étonner, dès lors, que les citoyens européens se reconnaissent peu dans cette construction institutionnelle impersonnelle, qui semble œuvrer comme une machinerie aveugle à la synthèse paradoxale du libéralisme cher aux physiocrates et du « despotisme doux » annoncé et dénoncé par Tocqueville ?

« Je veux imaginer sous quels traits nouveaux le despotisme pourrait se produire dans le monde : je vois une foule innombrable d'hommes semblables et égaux qui tournent sans repos sur eux-mêmes pour se procurer de petits et vulgaires plaisirs dont ils emplissent leur âme. Chacun d'eux, retiré à l'écart, est comme étranger à la destinée de tous les autres : ses enfants et ses amis particuliers forment pour lui toute l'espèce humaine ; quant au demeurant de ses concitoyens, il est à côté d'eux, mais il ne les voit pas ; il les touche et ne les sent point ; il n'existe qu'en lui-même et pour lui seul, et, s'il lui reste encore une famille, on peut dire du moins qu'il n'a plus de patrie.

Au-dessus de ceux-là s'élève un pouvoir immense et tutélaire, qui se charge seul d'assurer leur jouissance et de veiller sur leur sort. Il est absolu, détaillé, régulier, prévoyant et doux. Il ressemblerait à la puissance paternelle si, comme elle, il avait pour objet de préparer les hommes à l'âge viril ; mais il ne cherche, au contraire, qu'à les fixer irrévocablement dans l'enfance ; il aime que les citoyens se réjouissent, pourvu qu'ils ne songent qu'à se réjouir. Il travaille volontiers à leur bonheur ; mais il veut en être l'unique agent et le seul arbitre ; il pourvoit à leur sécurité, prévoit et assure leurs besoins, facilite leurs plaisirs, conduit leurs principales affaires, dirige leur industrie, règle leurs successions, divise leurs héritages, que ne peut-il leur ôter entièrement le trouble de penser et la peine de vivre ?

C'est ainsi que tous les jours il rend moins utile et plus rare l'emploi du libre arbitre ; qu'il renferme l'action de la volonté dans un plus petit espace, et dérobe peu à peu à chaque citoyen jusqu'à l'usage de lui-même. L'égalité a préparé les hommes à toutes ces choses ; elle les a disposés à les souffrir et souvent même à les regarder comme un bienfait.

Après avoir pris ainsi tour à tour dans ses puissantes mains chaque individu et l'avoir pétri à sa guise, le souverain étend ses bras sur la société tout entière ; il en couvre la surface d'un réseau de petites règles compliquées, minutieuses et uniformes, à travers lesquelles les esprits les plus originaux et les âmes les plus vigoureuses ne sauraient se faire jour pour dépasser la foule ; il ne brise pas les volontés mais il les amollit, les plie et les dirige ; il force rarement d'agir, mais il s'oppose sans cesse à ce qu'on agisse ; il ne détruit point, il empêche de naître ; il ne tyrannise point, il gêne, il comprime, il énerve, il éteint, il hébète, et il réduit enfin chaque nation à n'être plus qu'un troupeau d'animaux timides et industrieux, dont le gouvernement est le berger. »

Tocqueville, De la démocratie en Amérique, t. II, IVe partie, Chap. VI

Ce texte serait un jugement fort sévère s'il décrivait l'Europe actuelle ; on ne peut cependant nier qu'il préfigure, dans une large mesure, ce que dénoncent ou craignent ceux qui déplorent la façon dont elle se construit. Y aurait-il autant de nostalgie des états-nations s'il y avait l'alternative d'une Nation européenne, vecteur d'identité et porteuse de valeurs partagées et reconnues comme telles ?

Il faut comprendre que ce n'est pas l'intuition géniale de Jean Monnet qui est remise en cause, même par les plus fervents eurosceptiques, mais plutôt la façon dont on tente de mettre en œuvre ce moteur de croissance continentale. Du point de vue du citoyen, l'Union Européenne perd sa dimension fantasmatique, qui se dissout dans l'impression persistante d'une technocratie intrusive sans utilité apparente, elle-même téléguidée par des lobbys qui n'ont même pas toujours le bon goût d'être européens , et le point de vue des Etats candidats à l'adhésion, voire de certains Etats membres, pourrait finir par se rapprocher de celui de citoyens si des réformes structurelles profondes ne sont pas entreprises, afin de permettre à l'Europe de retrouver ses fondements philosophiques, identitaires et populaires, et de se reconstruire en respectant ce triptyque. A cet égard, la renonciation de l'Islande, puis celle de la Suisse, à son projet d'adhésion à l'UE est un signal fort du point de vue symbolique, et une première dont la portée ne doit pas être sous-estimée. Le Brexit apparaît, dans ce cadre comme une sorte de point d'orgue et de point vernal : après avoir cessé d'être une force d'attraction, l'Europe semble entrer dans une phase de déconstruction, dont il convient de faire, via des réformes autant philosophiques que structurelles, le point de départ d'un nouveau cycle.

Pourtant, il ne faut pas sombrer dans le catastrophisme : malgré la crise d'identité –d'absence d'identité ? - profonde qu'elle traverse, l'Union Européenne a probablement encore de beaux jours devant elle, et le propos de ce livre n'est en aucun cas de le nier, mais de partager une réflexion sur ce qui manque pour qu'en soit créées les conditions. Si rien n'est fait, la technostructure européenne deviendra chaque jour davantage une coquille vide, dont les états-membres seront toujours plus incapables de vendre les décisions à leurs citoyens. Ainsi, l'union monétaire est nettement plus solide qu'on ne veut bien le dire, et malgré les inconvénients à l'exportation d'un euro fort –qui sont aussi, ne l'oublions pas, des avantages à l'importation-, personne ne peut raisonnablement croire que revenir à sa monnaie nationale et dévaluer apporterait un remède à la situation ; Alexis Tsipras est d'ailleurs revenu de cette illusion au cours de l'été 2015, comprenant que la Grèce en crise ne trouverait plus le moindre créancier auquel emprunter à un taux acceptable sans le poids de ses 27 partenaires derrière elle, et que nul Etat de l'Union ne pouvait, seul, négocier en égal avec les Etats-Unis, la Chine, la Russie, ou même l'Inde ou l'Iran... L'espoir demeure pour l'Europe, car nous ne pouvons raisonnablement nous passer d'Europe, et parce que l'idée de ce dialogue permanent et de cette concorde à l'échelle d'un continent est belle, et que les Européens y sont attachés. Mais cela n'oblige en rien à donner un satisfecit béat à des institutions dysfonctionnelles, déconnectées des citoyens et des réalités, et qui semblent dépenser l'essentiel de leur énergie à s'autogérer.

L'Europe s'est-elle trompée d'inflexion politique, et si oui, quand s'est-elle trompée d'inflexion politique ? Le premier diagnostic est très factuel, et est une question d'échelle : bien que l'Europe ait été pensée à l'échelle d'un continent, ses modes de fonctionnement ont été conçus pour six pays fondateurs, très proches du point de vue économique et culturel, avec des situations structurelles très comparables, et des aspirations politiques et diplomatiques guère plus éloignées. Or, ces modes de fonctionnement se sont au final peu réformés malgré les élargissements successifs, qui ont certes agrandi le territoire européen, mais tout autant et plus encore ses disparités internes, dans tous les domaines. Et comme, ce constat posé, au lieu de repenser les fondements, on s'y est accroché comme à des Tables de la Loi, il a bien fallu chercher à compenser les dysfonctionnements quotidiens, en gérant les effets plutôt que de s'attaquer aux causes, et faisant ainsi de l'Union Européenne un archétype et une caricature des grands maux de nos démocraties contemporaines : le poids de la technocratie et l'inflation législative.

La dimension technocratique est magistralement illustrée par la Commission européenne où, souvent avec les meilleures intentions du monde, ou encore sous l'influence de lobbys pour lesquels ils finiront parfois par aller travailler dans de très avantageuses conditions, des technocrates sans visage, persuadés de savoir mieux que les Etats, que les parlementaires et que les citoyens européens ce qui est bon pour eux, échafaudent d'invraisemblables législations au gré des priorités changeantes de leur présidence. Dans cette optique, c'est généralement l'homogénéisation qui est à l'œuvre, avec en filigrane l'idée qu'elle contribuera à renforcer l'intégration européenne... Vision qui s'attache à ignorer totalement les conditions psychologiques nécessaires à cette intégration –qui tournent toutes autour de la notion d'identité-, pour leur substituer, de façon plus expéditive, mais au final moins efficace, des critères et des normes. D'où l'inflation législative ! Ajoutons à cela le credo hérité de la Commission Barroso, qui vise à faire de l'Europe la première économie verte –ce qui n'est pas sans inconvénients concurrentiels dans un marché mondial où tous ne s'imposent pas les mêmes contraintes environnementales -même, quoi qu'on en dise, après la COP21.

L'aspect de la législation européenne, pléthorique, relève des 751 parlementaires qui, si certains ont brigué ces fonctions pour défendre une vision forte de l'Europe et les intérêts particuliers de leur pays dans sa mise en œuvre, sont, pour d'autres, purement et simplement des naufragés ainsi « recasés » sur une liste à la suite d'un échec lors d'un scrutin national. Ces derniers, moins sensibles que leurs homologues aux questions européennes et à leur complexité, sont aussi généralement les plus pressés de légiférer pour exister et pour qu'on parle d'eux... Défaut d'ego dont certains lobbyistes pourtant dûment accrédités usent et abusent, venant leur livrer clefs en mains des amendements où ils n'ont plus qu'à apposer leur nom pour les déposer. En 2014, cette inflation législative, qui s'ajoute aux lois nationales, a produit pas moins de 107 000 pages supplémentaires de directives et règlements. Ajoutons à cela que l'écrasante majorité de ces directives est quasiment incompréhensible pour le commun des mortels, même armés de courage et de bonne volonté, car elles ont été élaborées par des techniciens pour infléchir des prescriptions techniques. Le souffle épique, voire la simple volonté politique claire, sont rarement au cœur de la législation européenne, d'autant plus mal perçue que les gouvernements nationaux chargés de la mettre en œuvre partagent parfois la perplexité de leurs concitoyens quant à sa pertinence ou à son intérêt fondamental.

L'activité normative pléthorique présente, de plus, un autre inconvénient majeur : son manque d'adéquation avec le vécu quotidien de ceux à qui elle s'adresse, étant élaborée loin du terrain et de ses diversités, selon des critères parfois totalement irrationnels, d'où l'argument d'autorité « on a toujours fait comme ça » n'est pas absent. Il est un exemple qui, pour n'être pas une émanation de l'Union Européenne, n'en souligne pas moins l'irrationalité qui prévaut dans l'élaboration des normes : celui de la détermination de l'écartement de rails de chemin de fer aux États-Unis. La distance entre deux rails y est en effet de 4 pieds et 8,5 pouces, soient 143,5 centimètres, nombres trop peu ronds et donc trop bizarres pour être les fruits du hasard. Mais l'explication de cette norme est à tiroirs : construits par des ingénieurs anglais expatriés, les chemins de fer des États-Unis ont adopté la même norme que les chemins de fer britanniques, afin de pouvoir utiliser les mêmes locomotives. Or, les premiers chemins de fer anglais furent construits par des ingénieurs des tramways anglais, pour lesquels cet écartement était déjà utilisé. Mais, une fois de plus, pourquoi ce chiffre sans rime ni raison ? Parce que les constructeurs originels de tramways étaient des constructeurs de chariots, et employèrent donc les mêmes normes et les mêmes méthodes ; or, les chariots utilisaient tous un écart similaire, car les routes en Angleterre et en Europe avaient des ornières, et des écarts différents auraient immanquablement causé des ruptures d'essieux. Rappelons que les premières grandes routes qui sillonnèrent notre continent furent construites par l'Empire Romain, pour accélérer le déplacement de ses légions ; les premiers chariots à y circuler furent donc les chariots de guerre romains. Ces chariots, tirés par deux chevaux qui galopaient côte à côte, devaient être assez larges pour qu'ils ne se gênent pas l'un l'autre, et les roues devaient à la fois ne pas se trouver dans la continuité des empreintes de sabots des chevaux pour assurer une meilleure stabilité, mais pas trop espacées pour ne pas générer d'accident lorsque deux chariots se croisaient. C'est ainsi que l'espacement des rails de chemins de fer aux États-Unis, de nos jours, est la conséquence directe de la construction des chariots romains plus de deux millénaires plus tôt, sur un autre continent, en fonction de la largeur de l'arrière-train des chevaux. Et ce n'est pas fini ! Quand la société Thiokol fabriqua, dans son usine de l'Utah, les réservoirs additionnels de la navette spatiale américaine, destinés à être reliés au réservoir principal, elle dût en limiter la largeur à 143,5 centimètres, soient deux arrière-trains de chevaux, faute de quoi ils n'auraient pu être acheminés par rails jusqu'à Cap Canaveral en empruntant le tunnel de chemins de fer passant sous les Montagnes Rocheuses ! Un exemple certes sans lien direct avec notre sujet, mais emblématique de l'irrationalité qui vient aggraver le poids de l'inflation normative et, pour ce qui nous occupe, de l'inflation du nombre de directives européennes -qui, rappelons-le, doivent être transposées en droit national- et de règlements européens qui, eux, s'appliquent aux Etats membres sans nécessiter de transcription ! L'Europe, technocratique par structure et exagérément portée à légiférer du fait du mode de désignation de ses représentants, porte ainsi en elle le double germe de sa déconnexion avec ses citoyens, et d'une incompréhension d'autant plus profonde qu'elle semble mutuelle.

Pourtant, l'ADN du projet européen est toujours cher aux citoyens de l'Union, et plus encore aux citoyens français de l'Union, qui ne manquent pas de se souvenir que si le 9 mai est le jour où l'on célèbre l'Europe, c'est en hommage au discours fondateur prononcé par Robert Schuman, alors Ministre des Affaires Etrangères, le 9 mai 1950, où il évoquait la nécessité de créer une synergie, des solidarités et des intérêts communs tels, qu'ils « *manifestent que toute guerre entre la France et l'Allemagne devient non seulement impensable, mais matériellement impossible* ». De ce projet qui semblait alors à la fois fou et visionnaire, les premiers bourgeons émergèrent à la lumière moins de sept ans plus tard quand, le 25 mars 1957, fut signé à Rome le traité instituant la Communauté Européenne du Charbon et de l'Acier. Nos concitoyens, aussi critiques et désenchantés soient-ils face à la complexité des institutions européennes et des différents échelons territoriaux qui en découlent (28 pays dans l'Union, dont le territoire n'est pas celui de l'espace Schengen, qui a lui-même un périmètre différent de celui de la zone Euro... un vrai casse-tête !), restent attachés, et même profondément attachés à cette idée fondatrice d'une Europe porteuse de paix et de prospérité, et la nécessité de réformer ne passe en pas nécessairement, quoi qu'en montre le Brexit, par la volonté de supprimer une structure supranationale qui, malgré ses imperfections, remplit, depuis sept décennies, son rôle de vecteur de paix et de prospérité.

Mais l'amour de l'Europe et le sentiment d'appartenance à celle-ci passe à la fois par le non contournement des identités nationales par les règlements européens –songeons qu'il a fallu faire inscrire la gastronomie française au Patrimoine immatériel de l'UNESCO pour protéger les fromages au lait cru, menacés par une directive européenne qui visait à faire de la pasteurisation une norme impérative-, et par la définition claire et assumée d'une identité européenne partagée, appuyée sur des valeurs communes. L'exercice n'est pas simple, mais il est indispensable, et il est exaltant. La complexité résulte de diversités liées à l'Histoire : en Europe, les républiques côtoient les monarchies, les religions d'Etat, catholiques ou protestantes, côtoient différents modèles de laïcité, la sensibilité à l'économie libérale ou à l'interventionnisme étatique n'est pas la même à l'Est et à l'Ouest du territoire de l'Union... Et pourtant ! Pourtant, si l'on interroge n'importe quel citoyen d'Europe, il vous dira qu'être Européen a un sens, et un sens générateur de fierté. Peut-être pas le sens que nous y attachions quand, du XVIème au XIXème siècle, les pays européens pensaient avoir une mission civilisatrice, mais une conscience de valeurs communes qui existaient alors plus qu'aujourd'hui, même si certaines ne se sont mises en place que très lentement ou tardivement. Une vision de l'Histoire basée sur le progrès, qu'il soit moral, scientifique ou technique. L'héritage de la philosophie grecque, qui nous a donné en partage la démocratie. Celui des Romains, de leurs routes sillonnant le continent, de leurs systèmes d'abduction d'eau, et même l'idée d'une gouvernance paneuropéenne. Le legs, plus discret, mais tout aussi présent, de nos ancêtres celtes, pour qui l'égalité homme/femme et la séparation tripartite des pouvoirs étaient des évidences. Le creuset spirituel essentiellement judéo-chrétien, dans lequel a pris racine le respect fondamental de la vie et du libre-arbitre, mais aussi l'idée de la laïcité et celle de tolérance religieuse. Des parentés architecturales, musicales, artistiques, littéraires... bref un indéniable esthétisme commun... Il y a bel et bien, fût-ce en filigrane, une identité européenne, qui ne demande que d'être incarnée pour redevenir vivante et fédératrice, et que Paul Valéry résume dans les grandes lignes au travers de cette citation : « *J'appelle européenne toute terre qui a été successivement romanisée, christianisée et soumise aux disciplines et à l'esprit des Grecs.* »

L'Europe, que Frédéric Lefebvre qualifie « d'affligeante », étendue à 28 Etats –de nouveau 27 d'ici deux ans-, avec chacun des aspirations légitimes venant s'ajouter aux aspirations communes ou interférer avec elles, selon les cas, a plus que jamais l'impérieux besoin de se définir et d'être pour les citoyens de l'Union un vecteur de parenté et de fierté pour demeurer, voire redevenir, le vecteur de croissance et de prospérité qu'elle n'aurait jamais dû cesser d'être. La paix et la prospérité sont à la base même de l'idée européenne, et c'est donc dans ces deux domaines qu'elle est la plus légitime. Par chance, ce sont aussi les deux domaines où elle est la plus efficace. Si l'Europe ne sait pas à la fois être ce vecteur d'appartenance et se recentrer sur ses fondamentaux, il est à craindre qu'elle se marginalise de plus en plus, ainsi qu'il advint des mirifiques confédérations entre les cités grecques, notamment décrites par Polybe -général, homme d'État, historien et théoricien politique-, dans ses Histoires, dont hélas seuls 5 des 40 volumes nous sont parvenus.

Aurions-nous besoin de mythes européens comme nous avons des mythes nationaux ? Même en ces temps où l'enseignement de l'Histoire s'appauvrit dans notre pays jusqu'à être considéré comme quantité négligeable, Vercingétorix, Saint Louis rendant la Justice sous un chêne, Jeanne d'Arc, ou encore Napoléon franchissant le premier le Pont d'Arcole sous le feu ennemi, l'étendard à la main, pour galvaniser ses troupes, demeurent des symboles forts dans notre imaginaire collectif. Quelle figure tutélaire portera le drapeau étoilé de l'Europe pour faire franchir à ses citoyens leur Pont d'Arcole symbolique, qui fera d'eux des citoyens conscients et fiers d'appartenir pleinement à une même aire culturelle, à une sorte de supra nation qui les structure et les définit ? Parce qu'aujourd'hui, nous en sommes loin : quand Jean-Claude Juncker déclare, à propos de la crise grecque, que « *la démocratie nationale ne peut pas avoir raison face aux règlements européens* », il a juridiquement raison, mais il a moralement tort, car les Grecs, comme tous les citoyens de l'Union si on les interrogeait à ce sujet, d'ailleurs, accordent une importance considérablement plus grande à leur démocratie nationale, génératrice d'identité et de valeurs communes, qu'à n'importe quelle directive européenne, quel que soit leur attachement à l'Europe. Question de sentiment d'appartenance.

Il semble que la tentation ait été grande, à l'orée du XXIème siècle, de penser que ce sentiment d'appartenance irait de soi sous l'effet conjugué de l'institution d'une monnaie commune et de la convergence des économies -donc, a-t-on voulu supposer, des modes de vie. Il n'en est rien, et nous ne pouvons ignorer que les économies de 19 Etats membres de la zone euro, qui devaient converger grâce à celle-ci, divergent au contraire chaque jour davantage. Au temps pour les monétaristes forcenés : l'économie ne crée pas de sentiment d'appartenance, et un espace monétaire commun sans une gouvernance démocratique commune, appuyée sur des valeurs fortes, fait de moins en moins sens. D'autant que vider de son sens l'Union douanière alors qu'on instituait l'Union monétaire en réduisant à néant la notion de préférence communautaire, ce qui, en plus d'être paradoxal, a rendu impossible la naissance d'une forme de patriotisme économique européen, qui aurait pu naître au travers de l'acte quotidien, facilité, d'acheter et de vendre, et aussi de consommer, préférentiellement en Europe. Il ne sert à rien de regretter le passé : le Marché Unique européen n'apparaît aux citoyens européens, que comme une tête de pont de la mondialisation qui les dépouille de leur identité et ne prend en compte ni leurs valeurs, ni leurs spécificités. Ce n'est donc pas sur le terrain économique, bien qu'il soit l'une de ses missions premières, que l'Europe peut espérer gagner le combat du sentiment d'appartenance qui la rapprochera de ses citoyens et les rapprochera entre eux, mais bel et bien sur celui des valeurs. Et celles-ci se transmettent mieux lorsqu'un symbole vient les incarner : l'imaginaire européen doit venir enrichir l'imaginaire national.

Les symboles historiques jouent, ou du moins pourraient jouer, un indéniable rôle structurant de l'espace politique commun en Europe : c'est là un enchaînement logique. Les valeurs communes, incarnées, sont porteuses d'une identité commune dont l'espace politique commun serait une conséquence logique. Les Pères de l'Europe, de Robert Schuman à Jean Monnet, ne sauraient jouer ce rôle : en dépit de leur place capitale dans la construction européenne, ils ne sont pas vraiment présents dans l'imaginaire collectif –même en France, leur pays d'origine. Quant à Europe, princesse phénicienne, fille d'Agénor, roi de Tyr, qui donna son nom à notre continent après avoir été séduite par Zeus, qui avait pris pour l'occasion la forme d'un taureau blanc afin d'échapper à la jalousie de son épouse Héra, elle est trop mythologique, et donc trop irréelle, pour être un vecteur pertinent d'identification. C'est donc parmi les grands personnages historiques que l'on peut espérer trouver une figure tutélaire pour incarner l'aventure européenne, sachant que nos valeurs communes ne sauraient se résumer à une icône : ce n'est qu'un vecteur symbolique pour les comprendre et les affirmer.

On pourrait ainsi valoriser le personnage de Charlemagne, véritable visionnaire dans sa volonté d'étendre son Empire dans toutes les directions, et d'être le garant d'un équilibre à l'échelle d'un continent, et peut-être ainsi lui donner une place centrale dans le débat sur les objectifs et les fondements de la construction européenne. Cette figure tutélaire permettrait-elle à la fois de légitimer le processus de construction politique et symboliser les valeurs communes des Européens ? On peut le penser, et l'importance possible du mythe impérial fait d'autant plus sens que l'on admet que la construction européenne n'est pas qu'affaire juridique et économique, mais qu'elle avance aussi en prenant appui sur des processus discursifs. L'Europe ne pourra se rapprocher de ses citoyens qu'en devenant un imaginaire collectif ; c'est à n'en pas douter aussi important et plus structurant que la réforme des institutions communautaires, car c'est la condition pour que les institutions communautaires deviennent des lieux de démocratie incarnée et de proximité plutôt que des symboles de l'arbitraire technocratique.

Chapitre 3

... nées d'une Histoire commune

L'approche purement positiviste ne suffira jamais à rendre compte de l'intégration européenne, surtout en cette période où elle doit trouver un nouveau souffle pour se doter d'une colonne vertébrale solide, qui a fortement à voir avec la définition d'une identité commune. Où trouverait-on mieux un symbole de l'identité commune que dans l'Histoire partagée ?

Par exemple, la moindre prévalence du fait religieux en Europe, de nos jours et même au cours des derniers siècles, est à rechercher dans la commune expérience traumatique que constitua l'épidémie de Peste Noire qui ravagea l'Europe de 1347 à 1355. L'épidémie, qui avait débuté en Chine en 1333, atteignit notre continent sur un bateau génois, dont tous les occupants étaient morts durant la traversée, et qui fut remorqué dans le port de Messine. De là, la maladie se répandit dans toute l'Europe, de la Sicile au Pays de Galles, de l'Espagne à la Pologne, coûtant la vie, selon les pays, à une proportion allant d'un tiers à la moitié de la population. Outre les changement sociaux majeurs qui en découlèrent dans les pays les plus touchés –comme en France ou en Angleterre, où l'épidémie fut la cause de la naissance d'une bourgeoisie embryonnaire, qui remplit les offices étatiques, notamment de finances et de justice, pour lesquels trop peu de nobles, auxquels ils étaient auparavant réservés, étaient encore en vie pour les pourvoir-, il en découla le sentiment que si un tel malheur était advenu, c'est que Dieu s'était désintéressé du monde après l'avoir créé. Si la pratique religieuse n'en demeura pas moins, le rapport à Dieu et à la religion devint plus distendu, voire plus distant, après cette épidémie, ce qui conduisit au développement progressif d'une véritable vie profane, échappant à la tutelle de l'Eglise, qui régissait auparavant chaque aspect du quotidien. Ce sont ces heures tragiques du XIVème siècle qui, sans que les populations en conservent, dans la plupart des cas, la mémoire consciente, fait de la civilisation européenne la plus à même de distancier sa pratique religieuse de sa vie de tous les jours. Il ne s'agit pas de s'en glorifier : ce n'est pas un pur avantage, car cela conduit parfois les Européens, ou du moins une partie d'entre eux, à une relative indifférence pour la dimension transcendante et spirituelle de l'existence. Mais c'est un constat historique, un vécu partagé, qui explique une même attitude psychologique. On se trouve donc au cœur d'une véritable résilience identitaire, puisque d'une pandémie, est indirectement née, au terme d'un long processus, une propension à la tolérance religieuse et à l'organisation du quotidien comme d'une problématique profane.

Lorsqu'on évoque le caractère profondément judéo-chrétien de la laïcité et de la tolérance religieuse, et donc la facilité plus grande de ces religions à s'inscrire dans une telle logique et à la respecter, il semble incontournable d'évoquer Friedrich Nietzsche et son passage sous le bandeau lorsque, postulant pour être admis en Franc-Maçonnerie, il fut interrogé en ces termes : « *Faites nous au moins la grâce, Monsieur, de refuser à la Laïcité la qualité de valeur judéo-chrétienne car vous n'êtes pas sans ignorer que cette noble idée dont notre fraternité revendique la paternité a justement été conçue pour lutter contre le cléricalisme*». La réponse de Nietzsche est fort éclairante –même si elle contribua largement au fait qu'il vit sa candidature rejetée- : « *Détrompez-vous : c'est un concept qui trouve sa source dans le Tsim Tsoum des Juifs et se développe dans le Nouveau Testament quand le Christ demande de rendre à César ce qui est à César et à Dieu ce qui est à Dieu. Imaginez la hardiesse de ce paradoxe : le créateur de l'Univers reconnaissant que son empire doit s'arrêter à la porte du Temple ! Comment s'étonner que les tenants d'une autre Tradition qui n'aurait pas inventé ce délire puissent accepter que le Dieu unique ne régisse pas la totalité de sa Création jusque dans le moindre recoin de nos existences ?*».

Ce que Nietzsche nous explique ici, via le concept de Tsim Tsoum, c'est que dans le judaïsme, Dieu s'est retiré de sa création après l'avoir achevée, non pas totalement, mais suffisamment pour laisser à l'Homme la responsabilité d'interagir librement avec le monde et avec ses semblables, et de trouver lui-même la voie de l'étincelle divine présente en chacun de nous, par la méditation, le rituel, et son comportement dans son ensemble. Mais l'Homme est fondamentalement libre de la manière dont il intègre la problématique religieuse dans sa vie quotidienne, la seconde n'ayant pas à être, en toutes choses, subordonnée à la première. C'est cette même liberté qui prévaut dans le christianisme : quand on « *rend à César ce qui appartient à César, et à Dieu ce qui appartient à Dieu* », la subordination du temporel au religieux n'a aucun caractère obligatoire d'un point de vue doctrinal. C'est pourquoi, d'ailleurs, catholiques, protestants et jansénistes ont poursuivi pendant des décennies, sans jamais le trancher définitivement, le débat sur la primauté de la Foi sur les œuvres, ou l'inverse. La laïcité est née dans un contexte judéo-chrétien d'autant plus propice au libre-arbitre qu'il sépare aisément et sans faute le spirituel du temporel. Comment s'étonner, dès lors, qu'elle soit plus difficile à assimiler pour les populations, souvent musulmanes (un paradoxe quand on se souvient que l'on nous martelait, en 2015, au début de la vague migratoire, qu'il s'agissait d'accueillir les Chrétiens d'Orient persécutés !), qui arrivent actuellement massivement sur le territoire de l'Union Européenne, et qui se sont toujours vu enseigner que la soumission (c'est le sens premier du mot Islam) à Dieu en toutes choses était la seule clef pour gagner son salut ? La seule clef possible pour une intégration harmonieuse en Europe consisterait, elle, à ce que ceux qui s'y établissent reconnaissent et traduisent dans leurs comportements quotidiens le fait que les valeurs profanes de la société qu'ils intègrent doivent régir leurs comportements quotidiens, avant même les préceptes religieux, réservés à la vie spirituelle ; c'est ce que les religions vernaculaires européennes ont fait, et c'est ce que doivent faire toutes les religions présentes sur notre sol, sous peine de choc des cultures irréconciliable et de voir les mesures destinées à faciliter l'intégration demeurer sans effet.

La laïcité et la tolérance religieuse, si elles ont fait la preuve, de longue date, de leur bon fonctionnement dans un contexte européen et judéo-chrétien, se trouvent ainsi difficilement transposables, pour des raisons très logiques si l'on fait abstraction de l'actuel multiculturalisme imposé qui prône que « tout vaut tout » ... Ce sont des valeurs communes aux populations européennes, qui fonctionnent bien en Europe, et doivent donc être défendues à ce titre, car elles font partie de notre Histoire et de notre identité, tout autant que le contexte historique et philosophique qui leur a donné naissance. En faire un présupposé incontournable et clairement exprimé permettrait, en affirmant cette identité européenne, de mieux inculquer aux populations arrivant sur notre continent ce à quoi elles doivent impérativement s'intégrer, et donc permettre à la fois une meilleure intégration de ceux qui l'accepteraient, et un départ plus rapide de ceux qui estimeraient cela incompatible avec leur vision personnelle du monde, de leur vie quotidienne et spirituelle. Le caractère actuellement plutôt indéfini de la société européenne, de ses valeurs –très existantes mais généralement passées sous silence- et de ses symboles - encore largement à définir-, ne profite finalement à personne. Il est plus urgent que jamais d'y porter remède !

L'absence de sentiment d'appartenance est lourde de conséquences sur la composition même de l'Union : si ce sentiment avait été plus fort dans les populations, point de Brexit, perspective crainte par la majorité de la classe politique britannique qui en anticipe des effets économiques dévastateurs, mais qui a indéniablement su séduire une population traditionnellement peu europhile. L'absence de sentiment d'appartenance pourrait ainsi coûter à l'Europe non seulement sa cohésion politique et territoriale, mais aussi 15% de son P.I.B. annuel... un dur prix à payer pour ne pas avoir su transmettre aux citoyens de l'Union, comme une évidence, l'idée qu'ils sont Européens –peut-être pas comme une identité unique, mais comme une part importante de leur identité commune ! Un prix qui pourrait cependant bien être celui du référendum du 23 juin dernier.

Cette sortie britannique du giron européen est, de plus, une bizarrerie du point de vue... linguistique. Comme dans toutes les terres celtiques, les langues des îles britanniques comportent de nombreuses racines hébraïques, et «britannique» contient précisément la racine « brit », qui signifie... «Alliance» ! Dans ces conditions, être un facteur de désunion revient, pour la Grande-Bretagne, à trahir sa vocation... étymologique ! Argument non évoqué pendant la campagne, mais qui en dit long sur un aspect fondamental de l'idée européenne, soulignant les liens objectifs entre les populations celtiques et juives sur notre continent, avant même l'arrivée des premiers chrétiens. On ne se trompe décidément pas quand on souligne que l'Europe est par essence, au plus profond de ses racines, judéo-chrétienne, tout autant que celte, grecque et romaine !

Quand donc est née cette Europe, dotée de racines profondes et d'une identité commune qui font la définition et la grandeur de sa civilisation, et qu'elle a maintenant le devoir d'affirmer clairement si elle veut continuer à exister comme une entité, non seulement unie, mais tout simplement cohérente ? S'il est facile de dater son émergence institutionnelle, non seulement récente –Traité de Rome : 25 mars 1957-, mais aussi très largement inscrite dans le droit positif, on doit souligner que l'idée d'apporter la paix à notre continent en unissant les Etats qui le composent est nettement plus ancienne, et a en quelque sorte vogué, en se manifestant parfois, dans le monde des Idées - cher à Platon-, avant de trouver sa traduction concrète au milieu du XXème siècle. Si une idée de traité de paix universelle et perpétuelle, destiné aux grandes puissances de l'époque (France, Angleterre et Saint-Empire Romain Germanique... une conception très euro centrée de l'universalisme !) a brièvement émergé au début du XVIème siècle sous l'influence d'humanistes de la Cour de Henri VIII Tudor, comme Thomas Wolsey et Thomas More, l'idée fut abandonnée après l'échec de la rencontre du Camp du Drap d'Or, et il faudra attendre, pour voir émerger de nouveau ce paradigme à la fois pacifiste et tourné vers les valeurs communes partagées par les Européens, que Sully attribue à Henri IV, après le décès de ce dernier, un « grand dessein » allant dans ce sens. Nous ignorons, certes, si ces idées étaient en réalité celles du monarque ou de son ministre, mais l'examen de ce projet permet de se faire une idée de la signification que pouvait avoir une Europe unie à la fin de la Renaissance, alors que la France sortait à peine de la période fratricide des Guerres de Religions... Un contexte probablement pas étranger à l'émergence d'un profond désir de vivre dans la paix et la concorde ! Le projet, indéniablement moderniste et visionnaire, prône ainsi le renoncement aux guerres d'agression (donc, si tout le monde joue le jeu, plus de guerre du tout sur notre continent), remplacées par le recours à l'arbitrage pour régler les différends, et la création d'une armée commune pour faire face aux attaques extérieures ou sanctionner les manquements. Certains des présupposés de Sully, formulés dans ce cadre, n'ont pas été totalement confirmés par les équilibres géopolitiques ultérieurs : il pensait ainsi que la paix durable ne peut résulter que de l'équilibre des puissances, ce dont la Guerre Froide aurait pu sembler une illustration, mais dont sept décennies de paix en Europe, entre des nations de tailles et de niveaux d'armement des plus divers, ont démontré l'inverse.

Comment ne pas évoquer également le pacifisme tardif de Louis XIV qui, s'il ne compte pas parmi les Pères de l'Europe, même à titre honoraire, n'en aurait pas moins déclaré, sur son lit de mort, au jeune Louis XV, ainsi que le rapporte Voltaire dans son *Siècle de Louis XIV* : « *Tâchez de conserver la paix avec vos voisins. J'ai trop aimé la guerre ; ne m'imitez pas en cela* » ? Louis XV suivit d'ailleurs de près, durant tout son règne, ce conseil qui le conduisit à vouloir devenir l'arbitre de l'Europe plus que son conquérant, et qui nous pousse à soulever la question suivante : la paix est-elle la condition de l'Europe unie, ou l'Europe unie la condition de la paix ? Si le paradigme dominant depuis la seconde moitié du XXème siècle se confirme, privilégiant le second terme de l'alternative, le Brexit pourrait s'avérer un facteur majeur de déstabilisation géostratégique, que l'existence de structures supranationales tournées vers la sécurité intégrée –comme l'OTAN, plus atlantiste qu'européen- pourrait ne pas suffire à compenser. Dans ses dernières heures, le Roi Soleil avait peut-être bien eu l'intuition d'une des valeurs partagées qui réunit les européens, et est à la fois leur plus grande force et leur plus grande faiblesse : la plus grande victoire n'est-elle pas de renoncer à celle que l'on ne peut remporter qu'au prix du sang ?

On doit aussi évoquer le nom de l'Abbé de Saint-Pierre qui, négociateur du Traité Utrecht, en 1713 –c'est-à-dire à la toute fin du règne de Louis XIV, mort en 1715-, se fit l'avocat d'une paix perpétuelle fondée sur l'établissement d'une confédération offrant l'embryon d'une organisation politique, et chargée de veiller à éviter les agressions entre ses membres. Il essaya ainsi, avec un succès mitigé, de convaincre les différents souverains européens que leur plus grande gloire serait d'être les artisans de la paix pour leurs peuples. Les idées de l'Abbé de Saint-Pierre nous sont largement connues par Jean-Jacques Rousseau, qui les commenta abondamment, et par Voltaire, qui en fit la caricature dans *Rescrit de l'Empereur de Chine*, dont voici un extrait, aussi loufoque que féroce : «*Nous avons lu attentivement la brochure de notre aimé Jean-Jacques, citoyen de Genève, lequel Jean-Jacques a extrait un projet de paix perpétuelle du bonze Saint-Pierre, lequel bonze Saint-Pierre l'avait extrait d'un clerc du mandarin marquis de Rosny, duc de Sully, excellent économe, lequel l'avait extrait du creux de son cerveau. Nous avons été sensiblement affligé de voir quand dans ledit extrait rédigé par notre aimé Jean-Jacques, où l'on expose les moyens faciles de donner à l'Europe une paix perpétuelle, on avait oublié le reste de l'univers.* » Si cette dernière critique est dans la droite ligne de l'esprit des Lumières, dont le cosmopolitisme porte en lui les germes d'une aspiration à l'universalisme, l'Histoire n'en montre pas moins que donner une paix perpétuelle à l'Europe eût déjà été une mesure fort utile, qui nous aurait potentiellement épargné les deux grands conflits mondiaux, qui firent au total près de 80 millions de morts...

A la fin du XVIIIème siècle, c'est au tour d'Emmanuel Kant de s'emparer du sujet dans son ouvrage *Vers une paix perpétuelle*, publié en 1795. On ne retrouve pas trace, chez Kant, de l'idéalisme de Rousseau quant à une bonté inhérente à la nature humaine qui rendrait cette paix perpétuelle possible et il est, à cet égard, beaucoup plus éloigné du mythe du Bon Sauvage (la nature humaine est intrinsèquement bonne ; c'est la société qui la corrompt) que du Britannique Hobbes pour qui « *L'homme est un loup pour l'homme* ». Pour Kant, la tentation de se battre est constante, et il appartient donc à la société et à la Loi de réguler les comportements naturels afin de permettre que s'instaure une paix perpétuelle. Celle-ci, pour différer d'une trêve et être davantage doit donc être instaurée et solennisée par le droit écrit. Puisque les conflits naissent le plus souvent, constate Kant, de l'injustice, ils ne peuvent disparaître que sous l'effet de l'adhésion volontaire à une loi commune et équitable... Notons que le Brexit illustre précisément une rupture de cette volonté d'adhésion, suite au sentiment que le rapport entre la contribution au budget européen et le retour –matériel et immatériel- sur contribution, était inéquitable ; la situation du Royaume-Uni dans les années à venir montrera si c'est là une juste appréciation. Dans tous les cas, cette approche fait indéniablement de Kant l'un des Pères de l'Europe – du point de vue philosophique, si ce n'est du point de vue pratique. Emmanuel Kant développe aussi l'idée que l'expérience du mal que génère la guerre peut aider les hommes à organiser la paix ; c'est d'ailleurs ce qui s'est produit, permettant aux institutions européennes de naître après la Seconde guerre mondiale, et de contribuer à sept décennies de paix en Europe. Si Jean Monnet n'évoque pas explicitement Kant dans ses *Mémoires*, il est évident qu'il fut influencé par ses idées car la Communauté Européenne, dans sa version originelle, repose bel et bien sur le rejet de la guerre, et sur l'adhésion volontaire à des règles de droit contraignantes, avec une manière de Cour Suprême pour les faire respecter... il y manque juste que l'alliance des Etats ait su affirmer des valeurs et une identité commune pour devenir une alliance des peuples et concrétiser l'idéal kantien.

Quand on parle d'idéalisme européen, c'est, tout naturellement, le nom de Victor Hugo, si attaché à l'idée d'Etats-Unis d'Europe, qui vient à l'esprit, bien qu'il n'ait consacré au sujet aucune œuvre majeure. Au troisième Congrès International de la Paix, qui eut lieu à Paris en 1849, l'auteur de *La Légende des Siècles* partage en ces termes son utopie européenne, largement réalisée depuis, même si elle court aujourd'hui le risque de se déconstruire quelque peu : *« Un jour viendra où il n'y aura plus d'autres champs de bataille que les marchés s'ouvrant au commerce et les esprits s'ouvrant aux idées. (...) Un jour viendra où l'on verra ces deux groupes immenses, les Etats-Unis d'Amérique, les Etats-Unis d'Europe, placés en face l'un de l'autre, se tendant la main par-dessus les mers, échangeant leurs produits, leur commerce, leur industrie, leurs arts, leurs génies, défrichant le globe, colonisant le désert, améliorant la création sous le regard du Créateur »*. Nul doute que Victor Hugo aurait été un fervent partisan de principe du traité transatlantique (TAFTA), sans se poser la question des contraintes liées à la convergence des normes... La réalisation du rêve de deux continents, main dans la main, pourrait bien se jouer dans la possibilité de préserver les fromages au lait cru...

Victor Hugo avait même vu plutôt juste sur les délais dans lesquels pourrait se concrétiser sa vision, expliquant que *« Les utopies d'un siècle sont les faits du siècle suivant »*. Sa formule d'Etats-Unis d'Europe, si marquante, a sans doute nourri pendant un siècle l'imaginaire collectif des Européens, contribuant ainsi à la signature du Traité de Rome, en mars 1957, et à la construction de cette coopération, certes imparfaite, mais de cette coopération à l'échelle d'un continent, aujourd'hui menacée d'implosion. La solidité d'une chaîne dépend toujours de celle de son maillon le plus faible ; si l'on voit métaphoriquement les 28 Etats européens comme une chaîne, le Brexit est bel et bien aujourd'hui un test de résistance. Qu'a-t 'il donc manqué pour être une ligne monomonéculaire, dont rien n'aurait pu ébranler l'unité ni la solidité, puisqu'elle aurait constitué une seule entité, par essence indissociable ? Que lui a-il donc manqué, outre la capacité à affirmer des valeurs communes et une identité commune face au reste du monde, que nous avons déjà largement évoqué, et dont l'absence est un frein incontournable à la construction d'une véritable défense intégrée, par exemple ? La réponse tient en peu de mots : des projets et une vision ambitieuse pour l'avenir.

L'Histoire commune nous définit en tant qu'Européens. Elle est capitale, car elle est le creuset des valeurs que nous partageons. Mais si l'Histoire nous permet de nous construire, ce n'est qu'en regardant l'avenir en sachant que l'on marche dans la même direction que l'on crée un sentiment d'adhésion. Cela ne vaut d'ailleurs pas qu'au niveau européen : si l'on souligne, avec juste raison, le poids des questions d'éthique et la responsabilité de la presse (que nous avons largement évoqué dans *Politique et Ethique : regards croisés*, 2015, ed. Bart and Jones) dans l'éloignement toujours croissant des Français et de leur classe politique, il ne faut pas négliger le poids de l'absence de projets à moyen ou long terme, qui pourraient donner une direction à la société, et ainsi construire la cohésion entre ses membres et avec la classe politique. C'était le cas, par exemple, dans les années 1960, quand la conquête spatiale et le nucléaire, portés par une vision politique forte, donnaient un sens à l'effort national. Aujourd'hui, lorsque l'on regarde les programmes ou les ouvrages des candidats à la primaire, de droite comme de gauche, ou à l'élection présidentielle, on lit une succession de mesures de colmatage, au mieux de mesures de gestion –voire même de bonne gestion-, mais nulle direction pour les décennies à venir, nul projet de société qui pourrait susciter l'enthousiasme et l'adhésion. Sans oublier, bien sûr, la surprenante catégorie des projets ambitieux à retardement, comme ce candidat à la primaire de la droite et du centre qui multiplie les déclarations sur le fait que l'avenir de l'économie est dans le numérique... une vision qui aurait sans aucun doute été innovante durant la campagne de 1995, voire de 2002, mais qui est aujourd'hui tout simplement advenue depuis fort longtemps. La politique, sans vision pour les décennies à venir et sans souffle épique, n'est au final qu'une action à la marge sur les processus bureaucratiques. Dans ces conditions, elle ne soulève déjà pas un enthousiasme forcené chez ceux qui proposent des mesures de gestion plutôt qu'une ambition, mais elle passionne encore moins les citoyens qui en sont destinataires. C'est vrai au niveau français, mais cela l'est encore plus au niveau européen où il n'existe même pas, pour se repérer et se faire une opinion, le traditionnel clivage entre un programme de droite et un programme de gauche. Nous reviendrons sur ce point au chapitre 6. Quoi qu'il en soit, l'absence conjuguée de ce clivage et d'une vision ambitieuse pour les décennies à venir a fait de la politique européenne, aux yeux des citoyens de l'Union une gestion bureaucratique sans direction assumée ; seule change l'appréciation des résultats, positive chez les europhiles, beaucoup moins chez les eurosceptiques.

Pourtant l'Union Européenne, dans sa version originelle, non seulement avait un projet ambitieux pour les décennies à venir, mais qui plus est un projet qu'elle a réalisé : celui de la paix à l'échelle continentale et d'une amélioration globale des niveaux de vie. Elle a juste oublié un détail : quand un objectif est atteint, même s'il doit être poursuivi, si l'on veut garder la cohésion dans l'équipe et un sentiment de bien-être, il est urgent de s'en donner un nouveau, et de veiller à ce qu'il soit tout aussi enthousiasmant, et suscite un la même adhésion. D'où le Brexit. D'où la crise de confiance qui fait craindre qu'il ne soit qu'un début, et qui induit une crise majeure des institutions européennes, et des opinions dans les Etats membres.

Chapitre 4

A la recherche de frontières de moins en moins « naturelles »

L'Union Européenne, qui comptait, jusqu'à il y a peu, 28 Etats membres (l'Allemagne, l'Autriche, la Belgique, la Bulgarie, Chypre, la Croatie, le Danemark, l'Espagne, l'Estonie, la Finlande, la France, la Grèce, la Hongrie, l'Irlande, l'Italie, la Lettonie, la Lituanie, le Luxembourg, Malte, les Pays-Bas, la Pologne, le Portugal, la République tchèque, la Roumanie, le Royaume-Uni, la Slovaquie, la Slovénie et la Suède), avait, croyait-on, atteint ses frontières naturelles dans trois directions, au Nord, au Sud et à l'Ouest.

Tout au plus, dans une logique d'élargissement, estimait-on parfois qu'elle pourrait songer à déborder de sa vocation continentale, comme le présuppose l'idée, récemment remise sur le devant de la scène, d'examiner la question de l'adhésion de la Turquie, dont moins de 2% du territoire est européen, mais les liens historiques et culturels plus que ténus, voire tendus, de ce pays avec les Etats membres, ajoutés à l'impossible convergences des critères économiques et en matière de droits de l'Homme, rendent cette idée de technocrates déconnectés des réalités et des mentalités aussi improbable que profondément inopportune aux yeux des populations d'Europe. Il est d'ailleurs très surprenant d'entendre Nicolas Sarkozy s'en faire l'écho, prônant un renforcement des coopérations non seulement avec la Russie –ce qu'une majorité des citoyens Français et Européens pourraient plutôt voir d'un bon œil au titre de convergences civilisationnelles et historiques : Anne de Kiev ne fut-elle pas, peu après l'An Mil, l'épouse de Henri 1er de France, illustrant ainsi le lien objectif entre la partie occidentale et la partie orientale de notre continent ?- et, de façon moins immédiatement compréhensible, avec la Turquie. La nécessaire gestion de l'afflux de migrants peut, certes, partiellement justifier cette dernière prise de position, mais ne doit pas faire oublier que l'intégration –qui Nicolas Sarkozy ne prône d'ailleurs en rien, se contentant d'envisager une collaboration étroite, sans que les modalités de celle-ci, et surtout ses limites, soient clairement précisées- dans l'Union d'un Etat n'en partageant pas les valeurs communes interdirait à tout jamais l'émergence d'une identité européenne et, à ce titre, la condamnerait à moyen terme, si ce n'est à la disparition, du moins à une perte du peu de sens dont les Européens la créditent encore.

Tous les projets de traité, tous les critères de convergence et la perspective d'un grand marché supplémentaire de 78 millions d'habitants ont, en réalité, fort peu de chance de parvenir à faire oublier les guerres et occupations turques qui touchèrent très largement l'Europe balkanique, la République de Venise, l'Autriche, la Hongrie, la Pologne, la Lituanie, la Grèce continentale, Rhodes et Chypre (plus de 20 000 morts lors de la conquête de Nicosie en 1570), le 7 octobre 1571, date de la bataille de Lépante, restera toujours une victoire commune, même si elle fut surtout hispano-vénitienne, dans l'imaginaire collectif européen. Certes, il y eu bien des guerres intestines en Europe, et le souvenir de la Seconde Guerre Mondiale n'a pas empêché la France et l'Allemagne d'être conjointement les moteurs de la construction européenne, pourrait-on objecter, mais cela n'a rien de comparable, ni dans les faits ni dans la psyché collective. Qu'on le veuille ou non, de part et d'autre du Rhin, on se trouve dans une même aire culturelle, marquée par des racines celtes, une pensée philosophique et politique grecque et romaine, et des valeurs judéo-chrétiennes. Rien de telle quand on franchit le Bosphore : nous sommes en terre étrangère là où l'Empire Ottoman, puis la Turquie moderne, ont consciencieusement oublié l'Empire Byzantin, et aucune proximité culturelle ne vient y oblitérer les aléas de l'Histoire. Même la géographie vient souligner l'improbabilité de cette continuité, alors qu'il existe peu de frontières naturelles, et tout aussi peu de frontières culturelles, malgré des individualités notables, source d'enrichissement collectif et non de différences inconciliables, entre les Etats européens, qui sont comme les enfants d'une même fratrie, ayant reçu une éducation et des valeurs communes, que chacun a ensuite développées et sublimées à sa façon dans son évolution personnelle. Les Turcs ne se reconnaîtraient pas plus dans une identité européenne que nous ne saurions comment les y intégrer : le sentiment d'appartenance ne passe ni par l'universalisme, ni par le multiculturalisme.

Nous pouvons, certes, commercer et échanger avec la Turquie – nous le faisons déjà, et c'est le bon sens-, mais une adhésion de la Turquie à l'Union éloignerait drastiquement toute possibilité de définir et de s'approprier une identité commune, qui est le seul espoir pour l'Europe de s'inscrire dans la durée autrement que comme une coquille vide, une grenouille qui a voulu devenir plus grosse que le bœuf, comme dans la célèbre Fable de Jean de La Fontaine, et y a perdu son âme. Si les citoyens des Etats membres de l'Union européenne ne deviennent pas un peuple européen, l'Europe de demain, qu'elle évolue institutionnellement ou non, sera dépourvue de substance et de légitimité, que ce soit sur son territoire ou au niveau international. La seule extension possible du domaine de l'Europe, que ce soit du point de vue géographique ou de celui de la parenté des cultures et des identités, se trouve donc à ses marches orientales, et dans la volonté de ressusciter et de concrétiser ou non le fantasme de tous les empires européens successifs d'une Grande Europe, de l'Atlantique à l'Oural, qui trouverait un sens en étant, tout autant qu'un territoire et qu'un grand marché, une civilisation qui trouve dans ses racines communes et originales la dynamique lui permettant de bâtir son avenir comme un projet cohérent et ambitieux. L'avenir et l'espoir procèdent d'une vision collective irréfutable, d'un sentiment d'appartenance dont naît la fierté... Les institutions européennes, quelle que soit, à terme, la taille de l'Europe, auront fort à faire pour susciter ce sentiment chez les citoyens, et peut-être pour commencer à le faire exister chez les élites européennes, tellement formatées à penser global qu'elles en oublient qui nous sommes.

La récente annonce d'un calendrier de négociations pour cinq des trente-cinq volets que nécessiterait une adhésion turque, si elle fait fi de la nécessité de construire l'Europe autour d'aspirations communes, fait également fi du rejet massif d'une telle perspective par les Européens (et il ne s'agit pas ici exclusivement des Grecs et des Chypriotes !), aux yeux de qui il est évident que l'on ne peut être européen que si les autres européens nous reconnaissent spontanément comme tels. Et qui situerait la Turquie en Europe, à part un géographe en recherche de polémique ? Si la Turquie devait intégrer les institutions européennes, celles-ci ne tarderaient pas à se vider de leur sens, car elle s'y retrouverait seule. Les Turcs eux-mêmes en sont conscients, et sont à la recherche de proximités, longtemps jugées improbables, pour rompre leur isolement régional ; on peut ainsi évoquer le partenariat gazier envisagé avec Israël, l'Egypte et Chypre pour contrebalancer l'axe énergétique objectif Moscou/Téhéran qui se met en place, et qui inquiète tellement Ankara qu'un avion russe a « malencontreusement » été abattu, en novembre 2015, au lendemain de la rencontre entre Vladimir Poutine et son homologue iranien... ce qui est une cause indirecte de l'actuelle crise au Haut-Karabagh (Lire, à ce sujet, l'article *Haut-Karabagh : la poudrière cachée*, Nathalie Bordeau et David-Xavier Weiss, in *Enjeux Diplomatiques et Stratégiques 2017*).

Mais revenons sur les perspectives d'un élargissement à l'Est qui, si elles ne semblent pas appelées à être une préoccupation immédiate, n'en sont pas moins une question logique lorsqu'on veut d'inscrire dans la perspective d'une Europe pérenne et porteuse d'ambitions à la hauteur de son Histoire. Comme le souligne l'adhésion de la Croatie, plus récent Etat entrant, à l'Union Européenne en 2013, les pays de l'ex-Yougoslavie, et plus généralement des Balkans, ont vocation à rejoindre l'UE, même si un peu de temps pourrait encore s'avérer nécessaire à certains pour solder un héritage communautariste et nationaliste très fractionnel qui fait de la reconstruction de l'intégration régionale un défi de longue haleine. Ainsi, si la Bosnie-Herzégovine, pays multiethnique où cohabitent serbes, croates et bosniaques, cicatrise plutôt bien, en apparence, vingt ans après, de la guerre fratricide qui l'a ensanglantée du 6 avril 1992 à la signature des Accords de Dayton, le 14 décembre 1995, et qui a coûté la vie à près de 96 000 personnes, force est de constater que les différentes communautés y vivent côte à côte sans se fréquenter –les limites du multiculturalisme illustrées ? -. Il en va plus ou moins de même en Macédoine. Quant au Kosovo, qui proclama son indépendance en 2008 sur un principe ethnocentrique, la question de la logique d'une pérennité de son existence autonome ou d'un rapprochement avec l'Albanie continue à être parfois soulevée, même si c'est avec de moins en moins de conviction. Le Monténégro a, par ailleurs, consommé son divorce avec la Serbie. C'est donc deux décennies de fragmentation des Balkans qui conduisent paradoxalement les petits pays qui en résultent à vouloir intégrer le giron européen, tentant ainsi de compenser par des solidarités continentales des isolements régionaux choisis. Le fait que l'affirmation d'identités particulières semble plus évidente au sein d'une construction supranationale comme l'Europe que dans un échelon de proximité est tout à la fois à l'honneur de l'Union Européenne, ressentie comme respectueuse des particularismes de ses Etats membres, et un signe certain de l'écueil auquel elle se heurte de plus en plus fortement : si toutes les identités peuvent exister, ou du moins coexister en son sein en vertu d'un certain droit à l'indifférence, n'est-ce pas essentiellement parce qu'elle-même n'est pas ressentie comme porteuse d'identité ?

Nul ne craint que l'appartenance européenne n'affaiblisse une identité nationale parfois conquise de haute lutte, parce que l'identité européenne n'est pas une identité de substitution : elle existe si peu qu'elle n'est ni définie, ni conceptualisée. C'est un drame pour l'Europe, qui peine à s'affirmer faute d'avoir cherché à savoir qui elle est, sous l'effet d'un universalisme bien-pensant, longtemps teinté d'atlantisme, qui est une nouvelle doxa dont il semble bien périlleux de chercher à s'affranchir. C'est également un drame pour ses Etats-membres, au sein desquels les populations ont intégré bon gré mal gré, le message trop souvent relayé par les élites nationales et européennes et par la presse bien-pensante, que l'idée nationale était dépassée, porteuse d'intolérance, voire vaguement fascisante, mais à qui on n'a pas proposé de nouvelle fierté ou de nouvelle identité. La fin envisagée des patriotismes nationaux est peut-être apparue comme un gage de paix, mais c'est un gage de paix qui laisse un vide d'autant plus abyssal qu'on n'a pas proposé à la place l'embryon du moindre patriotisme européen. Comment être fier, et comment servir avec une vision large et désintéressée une construction juridique perçue comme une technostructure à laquelle il est peu aisé de s'identifier ? Ne nous y trompons pas : cela crée aussi des ressentiments quand les lois européennes doivent être transcrites dans le droit national – car les seules traces de patriotisme qui subsistent s'attachent à la Mémoire et à la Nation, et non à l'Europe, vécue comme une pesante abstraction-, et nombreux sont à penser que Périclès, cité par Thucydide, avait compris l'essentiel au début de la Guerre du Péloponnèse, au Vème siècle avant notre ère quand, haranguant les Athéniens et la Ligue de Délos, il souligna qu' *« un régime indépendant ne propose pas les lois d'autrui»*. Cette frustration, retrouvée par-delà les siècles et les circonstances, n'existerait pas si une identité européenne générait un sentiment d'appartenance à l'Europe, car ses lois seraient alors les nôtres dans le ressenti comme elles le sont dans la réalité juridique.

Toujours dans une optique d'élargissement à l'Est, mais à plus long terme et dans une perspective géopolitique et géostratégique plus audacieuse et novatrice, l'Union Européenne pourrait envisager, dans un second temps, ou dans un second cercle, une adhésion des pays de la CEI (Communauté des Etats Indépendants, qui comprend 9 des 15 anciennes républiques russes, d'ailleurs plus indépendantes que communautaires, car cette structure intergouvernementale est, par choix de ses statuts fondateurs, dépourvue de personnalité juridique internationale), de l'Ukraine (qui en fut un des Etats fondateurs mais n'en est plus membre depuis 2014, du fait de la crise de Crimée), voire de la Russie – probablement moins en demande, mais qui, avec son marché de 138 millions d'habitants, serait un entrant de choix, et permettrait à l'Europe d'occuper toute son aire géographique, jusqu'à la frontière orientale que constitue l'Oural, et au-delà, sans pour autant déroger à la proximité de civilisation indispensable, à terme, à la définition d'une identité commune signifiante, viable, et créatrice de fierté. Une Europe qui atteindrait une telle extension serait, de plus, en mesure de rebattre les cartes, et de rompre avec la dérive atlantiste dont elle est la victime consentante, et qui lui impose des normes commerciales et culturelles (multiculturelles ?) qui ne sont ni dans son ADN, ni dans son intérêt.

Pour les pays de la CEI, du moins, l'objectif d'une intégration, à terme, au sein de la grande famille européenne, semble d'une logique absolue, alors même que pour certains, les conditions économiques et sociales requises se trouvent encore fort éloignées. Cependant, l'Ukraine a montré ces dernières années que ce courant porteur d'une véritable envie d'Europe se heurtait à des minorités, souvent russophones, partisanes du statu quo : l'identité régionale est visiblement tout autant russe qu'européenne, aussi une adhésion plus tardive, mais globale, de tout l'ancien bloc de l'Est, avec la création patiente de synergies préalables avec Moscou, ne semble pas une hypothèse aberrante.

L'idée d'un élargissement à l'Est, si elle a longtemps semblé une vocation naturelle de l'Union Européenne, se heurte toutefois désormais à quelques réticences, comme le montre le récent vote de la population des Pays-Bas contre la ratification d'un traité d'association avec l'Ukraine, perçu, à tort ou à raison, comme la porte ouverte à une future adhésion. Il faut voir là, essentiellement, une frilosité née des disparités économiques majeures entre les membres historiques de l'Union et certains des Etats candidats à l'adhésion, ainsi qu'un réflexe de prudence face à un pays qui connaît de fortes tensions avec ses populations russophones, ainsi qu'avec son puissant voisin russe.

Il est par ailleurs à souligner que jusqu'à ce jour, en matière d'adhésion, la tactique de l'Europe a été le plus souvent réactive, et a consisté à répondre aux pays frappant à la porte, ou à les faire patienter. Cependant, à long terme, une stratégie claire, basée sur un consensus clairement défini des Etats membres quant aux pays appelés à intégrer l'Union ou non, semble une incontournable nécessité : ayant déjà largement dépassé les frontières de la Vieille Europe, l'UE doit désormais se positionner par rapport au monde slave, auquel l'ouverture peut sembler logique, tout en rejetant les candidatures extraterritoriales et sans parenté de civilisation. Notons toutefois qu'envisager une large adhésion du monde slave sans ouvrir la porte à la Russie, par exemple, poserait de véritables questions géostratégiques, car ce serait rogner sur son pré carré. D'un autre côté, peut-on envisager une convergence de valeurs, déjà largement à l'œuvre, et fermer la porte ? La « révolution orange », ou encore le conflit gazier russo-ukrainien, il y a quelques années, ont démontré à quel point le consensus était absent sur ces questions sensibles. Jusqu'à combien de membres l'Union peut-elle être fonctionnelle si sa philosophie et ses institutions évoluent de manière volontariste, sachant à quel point fonctionner à 28 sur des bases originellement formulées pour les six états fondateurs s'est avéré délétère et porteur de divorce, pour rupture de la vie commune que par consentement mutuel, avec les populations. Quelle que soit sa taille optimale, une Europe qui « plante des subventions et fait pousser des technocrates », qui est une vague entité plutôt qu'une identité, n'est clairement l'idéal de personne, et il faut prendre garde à ce que le désamour des populations pour les institutions ne finisse par se doubler d'un désintérêt des éventuels postulants, certes motivés par des considérations économiques pour rejoindre l'Union, mais pour qui l'Europe demeure avant tout une grande idée, porteuse de valeurs qu'elle incarne si peu dans les faits.

La difficulté à dégager une position commune des Etats européens sur ces questions géostratégiques de voisinage s'est aussi fait sentir à l'occasion des conflits transcaucasiens, où l'UE, comme prise entre le marteau d'une intervention américaine forte et l'enclume d'une Russie de moins en moins encline à des compromis, a peiné à dépasser le stade des déclarations verbales non coordonnées, et ne s'est pas vraiment inscrite comme acteur incontournable d'une solution efficace. Pourtant, un intérêt actif de l'Europe pour ce conflit aurait été tout à fait légitime, ne serait-ce que parce qu'à la différence de la Turquie, la Géorgie et l'Arménie sont porteuses d'un tropisme européen prononcé, dont l'héritage slave constitue l'explication historique, mais qui pousse de plus en plus ces pays à regarder vers l'Ouest, au point que la question de leur intégration à l'Union Européenne pourrait bien un jour être au programme, et pas forcément dans la mouvance des Etats de la CEI. Là aussi, il semble impératif d'avoir une réponse à formuler, non sur des bases réactionnelles, mais pour des raisons stratégiques de long terme. Après soixante-dix ans de construction européenne, la frontière orientale est donc plus floue que jamais.

Pour remettre les choses en perspective, il est cependant utile de souligner que la valse-hésitation et le mouvement de balancier dans les relations entre l'Europe et les pays slaves est loin d'être une nouveauté : on peut le dater d'au moins un millénaire, au moment où Anne de Kiev, fille de Iaroslav le Sage, épousa Henri Ier en 1051, devenant ainsi reine de France. Mais si les relations, tour à tour étroite et distendues, avec le monde slave, relevèrent longtemps, sous l'effet de la distance et du temps nécessaire pour la franchir, du pur choix philosophique, la clarté et la constance sur le sujet sont devenues des nécessités pragmatiques dans notre monde interdépendant et interconnecté, où les modes de transport et de communication amènent ces pays presque à notre porte.

La réalité actuelle, que les choix géostratégiques que nous venons d'évoquer pourraient accentuer, conduit d'ores et déjà à ce constat : le centre de gravité de l'Europe tend à se déplacer vers l'Est, sous l'effet du processus d'élargissement. Cela induit d'ailleurs des effets philosophiques et économiques inattendus : les Etats-Unis ayant envoyé, après la chute du Mur de Berlin, de brillants juristes dans plusieurs pays de l'ex bloc de l'Est pour y rédiger constitutions et codes du commerce, les principes mis en avant par les Etats membres tendent à être de plus en plus atlantistes et anglo-saxons. Bref, plus l'Europe s'agrandit, moins elle se trouve en désir et en position d'affirmer son identité européenne. Cela est d'autant plus sensible que la réforme du système de représentation et de décision a conduit à restreindre le nombre de voix, donc le poids des « vieux » Etats membres, a priori moins susceptibles d'être affectés par cette dérive.

Le partage du pouvoir a en effet, très logiquement, toujours été un sujet sensible au sein de l'UE, et l'est devenu de plus en plus au fur et à mesure de l'augmentation du nombre de ses membres : l'idée d'un intérêt européen peinant à émerger faute d'une identité européenne forte, chacun cherche à acquérir plus d'influence et de poids au sein des institutions afin de faire prévaloir son propre intérêt national, ou du moins de le préserver. Ajoutons à cela l'action très efficace des lobbyistes, le plus souvent fervents défenseurs des grands acteurs économiques privés dont les intérêts vont dans le sens de convergences internationales, et on comprend pourquoi l'Europe peine à exister en tant que vecteur d'un unique intérêt commun. Elle n'est pas une force d'inertie parce que ses structures sont lourdes et complexes : ses structures sont lourdes et complexes pour qu'elle demeure une force d'inertie. Et aussi, top souvent, une former de déconstruction des particularismes ; elle pense y gagner du pouvoir et ne fait que se déconnecter plus encore de son ADN.

Le mini traité constitutionnel, signé à Lisbonne le 13 décembre 2007 et destiné à pallier la non-ratification de la Constitution européenne de 2005, quoi qu'en étant moins ambitieux, a ainsi éliminé de nombreux obstacles institutionnels pour une intégration plus en profondeur, mais il a dans le même temps fragilisé l'équilibre entre les groupes parlementaires, et n'a fait que renforcer le divorce entre les élites majoritairement europhiles –

presque nécessairement europhiles sous la pression de la doxa du moment- et l'ensemble de la population qui, comprenant de moins en moins le modèle proposé par cette entité qu'elle voudrait proche et qui n'est qu'incompréhensible, voit son degré d'adhésion reculer. On a rendu passéiste l'idée de l'Etat-Nation pour permettre l'Europe, mais force est de constater que non seulement l'Europe n'a pas su la remplacer, mais qu'elle n'a même pas essayé ; il ne reste qu'un grand vide identitaire et un grand vide d'enthousiasme là où on aurait voulu voir souffler un vent nouveau s'appuyant sur notre Histoire commune et la richesse de nos spécificités nationales. L'Europe sans les nations – car les nations sont-elles encore les nations quand elles renoncent à une partie de leur souveraineté ? Etre « partiellement souverain » a-t-il d'ailleurs le moindre sens ? Philippe de Villiers dit avec une grande justesse, dans son livre « *Le moment est venu de dire ce que j'ai vu* » qu'être partiellement souverain a à peu près autant de sens que d'être partiellement enceinte – n'a pas créé une nation d'Europe : elle a créé un vide identitaire qu'elle ne sait pas combler, craignant d'écorner le paradigme universaliste en cherchant à se définir.

A chaque sujet politique ou géopolitique majeur faisant apparaître une division des pays de l'Union Européenne, la distribution du pouvoir au sein de ses instances se trouve durablement impactée par un jeu d'alliances qui tend à dépasser très largement le cadre du sujet concerné. Ce fut le cas de la guerre en Irak, qui affaiblit le leadership du couple franco-allemand et vit l'émergence de la voix discordantes des derniers entrants –les plus orientaux-, Pologne en tête, pour revendiquer une meilleure représentativité, et constituant même à cet effet un sous-bloc très actif dans sa stratégie d'influence. Plus près de nous, l'afflux massif de migrants, depuis l'été 2015, à l'occasion duquel la Hongrie fit fermement entendre sa différence de vues, ou encore la proposition d'étiquetage des produits israéliens en provenance de Judée-Samarie, ont été sources de dissensions et de renversements d'alliances qui ont fait bouger bien des lignes, influant sensiblement sur l'équilibre interne des pouvoirs. Sans parler, bien évidemment, du Royaume-Uni qui, non seulement en votant le Brexit, mais même auparavant en l'envisageant, a résolument privilégié son indépendance, sa liberté de positionnement et sa souveraineté par rapport à l'idée européenne. C'est d'ailleurs là un vrai paradoxe : plus l'Europe devient anglo-saxonne dans sa philosophie et ses positionnements, moins elle intéresse le Royaume-Uni. Mais peut-être est-ce une conséquence logique du déplacement vers l'Est du centre de gravité, déplacement face auquel la locomotive franco-allemande semble devenue bien poussive ?

Les revendications relatives à l'évolution de la répartition des pouvoirs au sein de l'UE formulées par ses récents états membres ne sont d'ailleurs pas dépourvues de légitimité si on prend en compte les facteurs démographiques et de superficie ; pourtant le décalage économique est encore fort sensible avec les membres historiques de l'Union, et cela justifie, du moins partiellement, la surreprésentation –d'ailleurs de plus en plus légère- de ces dernier par rapport aux nouveaux entrants d'Europe centrale et orientale. On pourrait, par analogie, voir dans la Vieille Europe la permanence d'un centre de gravité, mais il s'agit d'un centre en cours de décentralisation au profit des pays encore plus ou moins périphériques, bien que membres à part entière. L'évolution, dans tous les cas, sera lente : les revendications politiques sans solides appuis des réalités économiques ont une nette tendance à demeurer longtemps déclaratives. Et les évolutions dans les rapports de force entre les différents groupes parlementaires au Parlement Européens, inévitables avec la sortie des 73 eurodéputés britanniques, vont immanquablement rebattre les cartes des alliances et des équilibres internes à l'UE.

Pourtant, c'est bien sous l'influence de ses nouveaux entrants que l'Europe tend à devenir toujours plus atlantiste et anglo-saxonne, voire américaniste : leur volonté d'appartenir au monde occidental prend en effet singulièrement le pas sur leur sentiment d'appartenance à la famille européenne. Mais comment se sentir appartenir à une Europe finalement peu soucieuse de son identité ? Ce défi identitaire, qui apparaît de plus en plus clairement comme une occasion manquée, est pourtant à relever d'urgence, car il est la condition première et nécessaire de la mise en place d'une authentique politique européenne indépendante en matière de défense et de diplomatie. La provincialisation des Etats-Nations elle-même, portée en filigrane tout au long de l'histoire de la construction européenne, ouvertement par les maximalistes, plus discrètement mais tout aussi indéniablement par les moins pressés, est fatalement subordonnée au fait de pouvoir leur substituer « quelque chose » qui fasse sens, ce « quelque chose » ne pouvant être, au final, qu'un Etat européen, fédéral ou non, mais dans tous les cas doté d'une identité forte et générateur d'un vrai sentiment d'appartenance. Avoir voulu avancer dans la déconstruction de l'idée d'Etat-Nation et du patriotisme qui est son corollaire sans avoir rempli cette condition préalable est une faute politique historique, qui laisse planer un sentiment de vacuité identitaire, et génère aussi une impossibilité à intégrer : comment pourrait-on le faire quand on est incapable d'expliquer aux nouveaux arrivants à quoi ils sont censés s'intégrer, que ce soit au niveau national ou européen, faute de le savoir encore collectivement ? L'identité européenne reste à construire, et l'identité nationale est devenue difficile à affirmer et à revendiquer, sous peine de se voir qualifier au mieux de réactionnaire, au pire de raciste ou de fasciste, comme si l'amour de son pays et de son identité était nécessairement porteur d'un rejet des autres !

Les frontières de l'Europe demeurent pour une large part à définir, tant au niveau géographique que culturel et identitaire, pour savoir dans quel espace physique et intellectuel nous inscrit le fait d'être Européen, et comment l'on peut faire naître un véritable sens et un véritable génie de l'Europe aux côtés des génies de chacune des nations qui la composent, le génie national étant entendu ici comme l'esprit particulier, les valeurs et les concepts qu'un peuple amène en partage à l'humanité. Le jour où l'on pourra parler en sachant spontanément à quoi l'on se réfère d'un génie européen, reflet des génies des nations européennes sans être leur simple addition ni leur oblitération, mais une version transcendée de ce qu'ils peuvent apporter de meilleur, il y aura une véritable identité européenne, et une vraie fierté à l'incarner au quotidien. Et, ce jour-là, le spectre d'une déconstruction progressive, comme celui d'une implosion brutale, se trouveront écartés.

Chapitre 5

Le mirage d'une diplomatie commune

Considérée sous l'angle de la diplomatie et de la gouvernance mondiale, l'Europe, malgré son poids économique et démographique certain, est systématiquement perçue comme une entité à l'autorité fort limitée, sans doute du fait de son incapacité à faire taire ses divergences internes pour parler d'une seule voix, et de sa propension à s'aligner sur les positions américaines sur la plupart des dossiers sensibles du point de vue géostratégique ou géoéconomique. Pourtant, en 2015, l'Union Européenne compte 508 191 116 habitants, et sa population est en progression de 0,26% ; première zone économique de la planète, elle génère aussi près de 24% du P.I.B. mondial alors qu'elle ne représente que 7% de la population du globe, témoignant ainsi de son dynamisme économique et de sa capacité à innover, même si la tendance interne à la morosité conduit à voir le verre à moitié vide.

La crise, la récession, les difficultés économiques et sociales ont peu ou prou été l'apanage de tous les pays du monde, de toutes les zones économiques, au cours des dernières années, et en particulier depuis 2008. Même ainsi impactée, l'Europe conserve un poids économique et une possible influence géopolitique qui se retrouvent plus dans son aura, vue d'ailleurs, où elle prend des allures d'El Dorado, que dans son absence de conscience d'elle-même. Or, l'avènement, pour l'Europe, d'une véritable diplomatie commune dotée de l'influence qu'elle mérite, passe nécessairement par la définition et l'appropriation, au-delà des intérêts communs ou plus ou moins communs, de véritables valeurs communes, de celles qui créent une identité et une fierté partagées, et qui permettent d'affirmer ses positions et sa spécificité face au reste du monde.

Si, dans ses discours officiels, l'Europe s'auto-définit immanquablement comme un pôle d'influence majeur dans un monde multipolaire et l'un des leaders naturels de la gouvernance mondiale, la réalité est un peu plus complexe. Si nul ne lui conteste la dimension exemplaire de ses valeurs sociales –de ce point de vue, le modèle européen fait rêver sur tous les continents... et l'image d'Epinal dépasse parfois largement la réalité, si généreuse soit-elle-, l'image de l'Union Européenne sur la scène internationale est pourtant fort loin d'être idéale, car elle peine à se débarrasser de ce qu'on pourrait qualifier d'un complexe pan atlantiste, qui la géo localise si fortement au Nord et à l'Ouest que les autres pays qui la composent tendent à apparaître comme de simples suiveurs, sans influence directe sur les décisions. S'il est largement faux, vu de l'extérieur, ce manque de collégialité est pourtant fortement ressenti, et cela affaiblit notablement le poids de l'Europe : il n'est pas négligeable, loin s'en faut, mais il est loin d'être celui qu'elle pourrait avoir si elle donnait l'impression d'intégrer pleinement, sur le plan moral comme sur le plan économique et politique, toutes ses composantes.

De plus, en ce début d'année 2016, les initiatives les plus innovantes, sur le plan social, si elles prennent bien naissance sur le continent européen, n'émanent ni de l'Union, ni même d'un de ses Etats-membres : c'est en Suisse que les citoyens s'apprêtent à voter sur un ambitieux projet dont le coût est estimé à 186 milliards d'euros par an, visant à instaurer dans le pays un revenu universel de 2 200€ par mois environ, financé pour partie par la suppression de toute autre prestation sociale, donc des organismes chargés de les attribuer et de les contrôler. Le pari est audacieux : tout en écartant le spectre d'un chômage générateur de pauvreté, cela revient à espérer que les personnes dotées de compétences utiles et créatrices de valeur ajoutée auront toujours envie de s'investir sur le marché du travail, que ce soit pour augmenter un revenu désormais plus vraiment vivrier, ou par passion pour leur métier. Cela implique aussi une forte capacité à faire évoluer les normes du quotidien par rapport à l'étude et aux loisirs, à repenser les interactions sociales, et surtout à créer du temps positif plutôt que du désœuvrement générateur de désordres. Nul ne connaît aujourd'hui le résultat du vote, ni du caractère positif ou non que pourrait revêtir l'expérience, mais ce qui est certain, c'est que l'innovation sociale, considérée comme un des points forts de l'Union Européenne, en en train de se déplacer hors de ses frontières, même si elle émane d'un territoire enclavé dans celles-ci et culturellement aussi proche que géographiquement... mais qui vient de renoncer à sa demande d'adhésion, formulée voici 24 ans. Etre un exemple et un phare, quel que soit le domaine, étant par essence un avantage concurrentiel, c'est un fait nouveau que nous ne pouvons que regarder avec intérêt...et qui doit nous pousser à ne pas penser que notre modèle est transposable et intangible : le travail d'adaptation est permanent, et ce présupposé de rupture avec le darwinisme social pour s'affranchir des contraintes philosophiques et pratiques de la redistribution n'est pas sans intérêt.

Quelle est donc réellement, aujourd'hui, la position de l'Union Européenne quand il s'agit de discuter et de négocier avec d'autres organisations supranationales, ou sur des sujets intéressant la gouvernance mondiale ? On ne peut pas nier qu'elle fasse preuve d'un esprit d'indépendance économique réel, et d'un dynamisme qui qui rend hommage à son poids démographique comme au large marché qu'elle représente. Pourtant, dès que l'on touche à des questions géostratégiques ou de gestion de crise à l'échelle internationale, ce constat positif est grandement à nuancer, et son indépendance apparaît beaucoup plus comme déclarative qu'opérationnelle : chacun joue sa propre partition, et parler d'une seule voix, ou du moins dans le même sens, finit par relever, au choix, du hasard ou du vœu pieux. L'Europe, qui ne se pense pas comme une nation, est peut-être une entité économique incontournable, mais elle n'a de toute évidence pas d'identité politique ou militaire. Pas d'identité politique, car elle n'a pas un chef, décisionnaire légitimé par tous, dans lequel elle puisse se reconnaître. Et moins encore d'identité militaire, car cette Europe, trop inconsciente de qui elle est, ne peut incarner une patrie pour ses citoyens, et donc pas réunir une armée pour défendre ses frontières ou porter ses valeurs. Ne nous y trompons pas : rassembler des armées nationales sous une bannière européenne ne fera jamais une armée européenne, mais tout au plus une mission conjointe. Tant qu'il n'y aura pas d'identité européenne claire, de citoyenneté européenne ressentie et intégrée, certains seront peut-être prêts à vivre pour l'Europe, mais nul n'envisagera de mourir pour elle : on ne combat, au final, que pour défendre les siens, et qui peut penser aujourd'hui « les siens » à l'échelle de l'ensemble de l'Union ?

Il en résulte pour l'Europe un déplorable manque de poids géostratégique –ce qui ne signifie pas qu'elle n'a pas de poids, mais nettement moins de poids qu'elle devrait en avoir-, à l'heure même où elle doit faire face au phénomène historique inédit que constitue l'affaiblissement relatif du monde occidental en termes d'influence, de puissance, bref de contrôle de l'horizon des événements. Les décideurs de l'Union Européenne ont-ils trouvé trop longue et énergivore la solution que constitueraient l'émergence et l'appropriation d'une identité commune ? Toujours est-il qu'ils se sont tournés vers la recherche de solutions extérieures qui, si elles ne règlent en rien le problème de fonds, présentent à leurs yeux l'avantage de l'immédiateté. C'est ainsi que les relations américano-européennes, quoi qu'empruntes de différends très sensibles concernant le modèle social, sont placées sous le signe d'objectifs stratégiques communs, même s'ils sont parfois peu explicites, voire déterminés de façon très unilatérale. Ce sont ainsi les Etats-Unis qui ont pris, seuls, voici quelques années, la décision de déposer quelques dictateurs du Moyen-Orient et de soutenir les Printemps Arabes, au risque de déstabiliser des régions sensibles, mais qui pour eux sont éloignées, pour favoriser leur position sur les marchés du pétrole et des hydrocarbures. Et ce sont les pays européens, qu'ils aient ou non soutenu cette démarche à leur corps défendant, qui doivent aujourd'hui faire face à ce qui en résulte, à savoir la rupture de l'équilibre fragile en Chiites et Sunnites, la montée de l'Etat islamique, des attaques terroristes qui nous frappent jusqu'au cœur du territoire européen et une vague migratoire sans précédent.

Cette vague migratoire est d'ailleurs un problème qui ne se limite pas à ses dimensions humanitaires, parce qu'il ne s'agit pas essentiellement d'un problème humanitaire, même si les médias s'entendent à souligner cet aspect qui n'est évidemment pas absent. Mais les enfants en souffrance profonde surmédiatisés, qui éveillent très légitimement la compassion de tous et un réflexe bien humain et fort honorable de solidarité, ne doivent pas faire oublier la réalité implacable : près de 80% des migrants sont des hommes seuls entre 18 et 40 ans, qui ont fui, parfois en laissant leur famille, pour ne pas avoir à combattre les extrémistes qui mettent à feu et à sang leurs pays d'origine. C'est moins là une migration honorable qu'une migration de facilité, voire parfois de lâcheté. De plus, ils n'arrivent pas avec un projet pensé et une conscience claire des décalages culturels avec le pays d'accueil, et leur employabilité par rapport aux besoins du marché local de l'emploi est sujette à caution, et au mieux différée de nombreux mois, puisqu'ils n'ont pas plus de connaissance de la langue que de la culture. Les tristes événements du dernier Jour de l'An, à Cologne, ont assez souligné l'importance du décalage culturel et l'impossibilité d'assimiler une population qui ne veut pas se plier à un autre mode de vie et à d'autres règles, qui relèvent pour nous des fondamentaux de la vie en société et du respect des personnes. Et, arrivés à ce point, on ne peut que constater le divorce entre les citoyens européens, qui se sentent menacés dans leur identité comme dans leur intégrité, et les élites europhiles, qui estiment que le passé leur fait un devoir moral de battre éternellement leur coulpe et de mettre toutes les autres valeurs du monde, aussi dévoyées soient-elles, sur un piédestal par rapport à celles de l'Europe et des Européens.

L'exemple le plus emblématique en est sans doute Henriette Reker, la maire de Cologne, conseillant aux femmes allemandes d'adapter leur tenue et leurs comportements pour ne pas heurter les standards des migrants et risquer ainsi d'être molestées, voire violées ! Cette déclaration faisant des victimes des coupables et renforçant le sentiment d'impunité des nouveaux arrivants a suscité une légitime indignation populaire. Pourtant, le 1er février 2016, Martin Schulz, Président du Parlement Européen, interviewé dans l'émission matinale Les Quatre Vérités, sur France 2, que l'on interrogeait sur la pertinence de la décision d'Angela Merkel de créer un appel d'air en ouvrant officiellement son pays à un million de migrants, répondait sans hésitation, qu'il préférait voir son pays s'ouvrir trop largement, malgré les inconvénients, que d'être dans le repli identitaire, comme ce fut le cas aux heures les plus sombres de son histoire. L'incompréhension entre les élites européennes ou europhiles et les citoyens de l'Union est plus forte que jamais, et on se rend aisément compte que c'est en partie parce que la question des valeurs européennes partagées, même non encore formalisée, est plus centrale pour les citoyens que pour des décideurs qui ne se croient respectables que s'ils chantent les louanges d'un universalisme oublieux de soi-même... étant entendu que c'est aux Européens de s'oublier, voire de se renier si nécessaire ! Peut-être devraient-ils relire Albert Camus, qui écrivait *« qu'il est bon qu'une nation soit assez forte de traditions et d'honneur pour trouver le courage de dénoncer ses propres erreurs. Mais elle ne doit pas oublier les raisons qu'elle peut avoir encore de s'estimer elle-même. Il est dangereux, en tous cas, de lui demander de s'avouer seule coupable et de la vouer à une pénitence perpétuelle »*. Ce qui vaut pour une nation vaut aussi pour la psyché collective de l'Europe et de chacune de ses composantes : nous avons des raisons d'être fiers de nous-mêmes, de notre Histoire et de nos valeurs. Suffisamment pour les défendre. Suffisamment pour nous défendre en défendant notre identité. Cette crise pourrait bien au final être salutaire si elle mettait l'Europe en face de la nécessité de conceptualiser et de revendiquer son identité commune.

L'Europe, désormais –mais, espérons-le, provisoirement- peu affirmée dans ses valeurs, même si elle continue paradoxalement à les revendiquer comme universelles, peine à condamner fermement les exactions, sur son sol, comme nous l'avons vu, mais aussi au niveau international. Ainsi, si le Parlement Européen annonce, dans les premières heures de février 2016 –il en aura fallu du temps !-, qu'il se prononcera le jeudi 4 février sur un projet de résolution condamnant les agissements de l'Etat islamique, la formulation du communiqué est plus que timide : *« Les députés pressent la Commission européenne de prendre des mesures urgentes*

 De plus, si toutes les propositions de résolution déposées par les groupes parlementaires, contiennent sans ambiguïté la condamnation du génocide, toutes ne le tiennent pas pour établi : certaines formations, et non des moindres (Verts/ALE, ECR, GUE/NGL, ALDE, S et D, PPE et EFDD), le qualifient seulement de « possible » … Peut-on faire preuve de plus de prudence sémantique ? Notons, pour souligner cette difficulté à affirmer une condamnation forte, que le Haut Représentant de l'Union pour les affaires étrangères et la politique de sécurité, Federica Mogherini, s'est, elle, catégoriquement refusée, dans le premier débat sur le sujet, qui s'est déroulé le 20 janvier 2016, à prononcer le mot de génocide. L'Europe se reconnaît-elle encore des valeurs fortes, elle qui les aurait longtemps voulues universelles, si elle hésite à condamner moralement, alors même qu'elle sait le poids qu'une telle condamnation aurait, notamment dans la reconnaissance aux minorités chrétiennes, yézidis et autres, en Irak et en Syrie, du statut de victimes ? La raison de l'hésitation est juridique, elle aussi : reconnaître des victimes d'un génocide, c'est les accueillir préférentiellement, et refuser tout asile à des personnes qui pourraient être impliquées dans leur massacre ou leur persécution… et le critère discriminant, vu la nature de l'Etat islamique et l'afflux massif de migrants qui interdit d'instruire chaque dossier individuellement, pourrait bien être religieux. Or, l'Europe est légitimement fière de sa tradition de tolérance religieuse, et légitimement honteuse de ce qui s'est passé sur son sol quand un pays a rompu avec cette tolérance. Mais cela doit-il conduire aujourd'hui à ne pas secourir des populations victimes d'un génocide, sous prétexte de ne pas faire preuve d'intolérance envers la spiritualité dévoyée de leurs bourreaux ? La tolérance religieuse, et même la laïcité, sont nées dans un creuset de culture judéo-chrétienne, les rendant hautement compatibles avec ces deux religions. Mais la tolérance et la laïcité sont des symptômes de faiblesse et des freins à l'action face à des groupes ou des individus qui estiment que les lois des Hommes ne valent rien face à leur interprétation restrictive de celles d'un dieu qui n'exige que soumission en toutes choses. Plus qu'un symbole, le vote du 4 février 2016 peut donc être pour l'Europe comme un premier pas pour sortir de cette dangereuse contradiction, s'il est finalement suivi d'actions fortes et déterminées qui, quelques mois après, tardent encore à s'affirmer.

La diplomatie européenne n'est pas moins délicate quand elle prend un caractère de diplomatie interne. Ainsi, David Cameron, qui craignait d'être en difficulté durant sa dernière campagne électorale, a promis aux britanniques un référendum sur l'Europe, et fait donc tout pour accroître l'influence de son pays dans l'Union sans pour autant accepter la plupart des contraintes résultant de se fonctionnement en commun. Alors que le Royaume-Uni bénéficiait déjà de dispositions dérogatoires concernant un pourcentage impressionnant des politiques européennes, il a souhaité pouvoir s'opposer à des décisions de la zone euro… dont son pays n'est pas l'un des 19 membres. Un bras de fer d'influence dont l'Union Européenne risque d'avoir bien du mal à sortir gagnante, face au Brexit dont la survenue, désormais inéluctable, inquiète tant de nombreux hommes politiques et économistes européens, qui ont fait durant des mois de son caractère « impensable » un mantra qu'ils répétaient à longueur d'interview et de communiqués. Mais un maintien du Royaume-Uni dans l'Union Européenne n'aurait sans doute pas réglé le problème et la nécessité de faire évoluer les institutions, car les Britanniques auraient alors cherché à imposer leurs exigences, créant ainsi une grogne légitime, puisque les membres de la zone euro auraient dû ipso facto associer à leur souveraineté économique un pays qui n'en fait pas partie, et n'en accepte pas les contraintes avec les avantages qu'il revendique. Le partage de la souveraineté, qui est déjà l'un des vrais sujets de débat avec les eurosceptiques, aurait alors fortement tendance à devenir une dilution de la souveraineté économique, par une délégation d'une part de celle-ci à un Etat qui n'est pas partie prenante de cette monnaie intégrée… Un problème aussi ubuesque qu'insoluble, les deux termes de l'alternative, désormais tranchée, portant irrémédiablement en eux des germes d'instabilité des équilibres économiques et des coopérations à l'échelle du continent !

Pour en revenir à la diplomatie extérieure de l'Union Européenne, il est intéressant d'évoquer les relations américano-européennes, qui se sont longtemps articulées, et pour une part s'articulent encore, autour d'un équilibre difficile entre différends à propos du modèle social et objectifs stratégiques communs. Cette double réalité, qui apparaissait avec une acuité criante durant la Guerre Froide, est aujourd'hui à nuancer, car l'Europe cherche de plus en plus, sans toujours y parvenir à cause de ses dissensions internes et de sa difficulté à affirmer ses valeurs, que nous avons déjà évoquée, à apparaître comme le deuxième pilier du monde occidental, à égalité avec la patrie de l'Oncle Sam. Rien d'étonnant à cela : son poids économique et démographique le justifie pleinement, et l'antériorité historique plaide très largement en sa faveur ; seuls l'intervention américaine qui mit fin à la Seconde Guerre Mondiale et le Plan Marshall firent de l'adhésion à l'OTAN une forme d'acceptation de la tutelle géostratégique symbolique des Etats-Unis. C'est d'ailleurs pourquoi le Général de Gaulle avait tant de réserves concernant l'OTAN : tout en reconnaissant et en mettant en œuvre des objectifs stratégiques communs, il voulait laisser à la France toute la place pour affirmer sa position spécifique. Si la proximité, voire le suivisme géostratégique de l'Europe en tant qu'entité supranationale par rapport aux Etats-Unis ne s'est jamais démenti, la France n'a jamais cessé, sur le sujet, de faire valoir sa différence et son esprit d'indépendance : ce fut le cas au moment de la Guerre d'Irak, et notre diplomatie nationale tira, de ce point de vue, plus d'honneur de sa position décalée que la diplomatie européenne, qui s'inscrivit sans s'en démarquer dans la logique atlantiste... le rôle d'auxiliaire porté par une Europe devenue pour l'occasion une sorte de « Royaume-Uni collective », en somme !

Certes, on ne peut nier que depuis le 11 septembre 2001, et plus encore ces derniers mois, sous l'effet de la montée en puissance de l'Etat islamique et du terrorisme qui en est le fruit, et qui frappe nos démocraties en plein cœur, le complexe pan atlantiste s'est considérablement renforcé, tant au niveau des élites européennes que des élites nationales et de la population générale. Cela dépasse désormais clairement le clivage droite/gauche, et même parfois celui des extrêmes et du centre de l'échiquier politique. Paradoxalement, l'Europe, qui a tant de peine à affirmer ses propres valeurs, accepte en général sans coup férir la politique internationale américaine... au nom de valeurs communes et d'une forte identification politique et culturelle. Quand critique il y a, jamais elle ne concerne la politique étrangère américaine, désignée comme telle, mais tend plutôt à se concentrer sur la critique d'un personnage clairement identifié ; on critique George Walker Bush et son unilatéralisme, par exemple, plutôt que le modèle de gouvernance centré sur « America first » qu'il incarne. L'engouement des Européens pour Barack Obama, qui défie toute logique au regard de la catastrophique politique étrangère qu'il a menée, et dont il sera comptable devant l'Histoire, renforçant le chaos du monde et mettant le feu aux plus sensibles poudrières, exprime très étrangement l'attente d'une solution providentielle émanant de ce même Barack Obama ; cette complaisance des décideurs politiques de notre continent vis-à-vis des Etats-Unis n'est nulle part plus sensible qu'au sein des institutions européennes... et l'indifférence des Américains à leur sujet ou dans la prise en compte de leurs positions particulières semble générer chez eux bien des angoisses existentielles. La presse chinoise, notamment, se gausse d'ailleurs parfois de ce dernier constat.

Il est à souligner qu'au regard du monde non occidental, l'Europe, qu'il s'agisse de l'Union Européenne ou des Etats européens considérés individuellement, jouit en général d'une bien meilleure image que les Etats-Unis. Cela ne doit cependant pas faire oublier que, si son modèle social particulièrement généreux, en dépit de disparités internes, est globalement admiré et envié, cela ne va pas sans réserve ou critique, en particulier s'agissant de ses membres historiques. Le principal reproche formulé par le monde non-occidental concernant l'Europe rejoint un constat interne criant et urgent, qui est au cœur de ce livre : l'arrogance sous-jacente qui empêche ses institutions d'identifier leurs propres défaillances et de se réformer... jusqu'à ce que le Brexit les y contraigne. Ajoutons à cela l'évocation inlassable de valeurs universelles qui lui semblent tellement évidentes qu'elle ne se donne généralement pas la peine de les définir, ni à son propre usage interne, ni vis-à-vis de l'extérieur –si ce n'est sous forme de grands concepts comme la démocratie ou la tolérance-... ce qui ne l'empêche pas de les porter à travers le monde avec un zèle missionnaire. L'Europe pense sa culture politique transposable, à l'instar des Etats-Unis –et on a vu le chaos qui en résulte au Moyen-Orient-, mais faute de les avoir définies clairement, elle ne prend ni le temps ni la peine de diffuser les valeurs sur lesquelles elle s'appuie. Si l'implicite fonctionne mal en interne, il est, en matière internationale, pour le moins source de malentendus et d'incompréhensions, et au pire, la cause de véritables ravages. L'Intelligence culturelle, qui vise à comprendre les valeurs de son interlocuteur, est sous-employée, ou très mal, car elle présuppose une conscience forte et explicitée de ses propres valeurs : on ne peut mesurer un décalage par rapport à une notion floue ou mouvante. D'où l'universalisme à la mode dans les élites européennes : il est plus simple d'estimer que tout vaut tout que de travailler sur la formulation claire d'un système commun de valeurs. Plus simple, mais moins satisfaisant, et tellement moins efficace à long terme ! L'identité européenne, clairement définie, affirmée et intériorisée par les citoyens, est donc une clef diplomatique comme elle est une clef institutionnelle et le fait générateur d'un indispensable sentiment d'appartenance, aujourd'hui trop absent.

Comment évoquer la diplomatie européenne sans mentionner que la perspective d'une adhésion, même lointaine, en est –hélas-, un instrument privilégié ? Hélas, car cela implique que l'avancée ou non sur une possible adhésion dépend dans certains cas de nécessités conjoncturelles, et non d'une vision à long terme sur les frontières naturelles de l'Europe. L'exemple le plus criant en est sans doute la reprise des négociations, ajournées depuis de nombreuses années, quant à une éventuelle adhésion de la Turquie, quand il a fallu convaincre ce pays de jouer les soupapes pour endiguer un peu le flot de migrants arrivant chaque jour sur le territoire de l'Union. L'absence criante de parenté culturelle, si elle est un sujet d'interrogations et de craintes pour les citoyens européens, a soudain semblé moins problématique aux institutions européennes quand il s'est agi de trouver un argument pour convaincre Ankara dans ce cadre. Tout comme la réalité géographique qui fait que la Turquie, qui n'a que 2% de son territoire en Europe, n'a que peu de vocation à devenir partie intégrante d'institutions continentales. Ou encore l'absence de progrès sur la question de Chypre, la question kurde, le double jeu de la Turquie vis-à-vis de la situation en Syrie, la dérive du pouvoir, de plus en plus ouvertement autocratique, l'ambiguïté concernant l'islamisme, etc... L'unanimité des Etats actuellement membres de l'Union, qui serait requise pour une adhésion effective, semble une condition impossible à remplir –nous avons évoqué plus haut les résistances, vraisemblablement insurmontables, des opinions publiques sur le sujet-, mais le symbole n'en est pas moins fort, et fort coûteux, puisque ce ne sont pas moins de trois milliards d'euros qui viennent d'être attribués au titre des crédits de pré-adhésion... alors même que l'on sait la quasi-impossibilité d'envisager de mener le processus à bien. La définition claire des valeurs européennes aurait ôté ici l'usage d'un outil diplomatique, car il serait immanquablement apparu clairement que la Turquie, non seulement ne les partage pas, mais n'est pas en marche pour s'en rapprocher. Alain Lamassoure a d'ailleurs exprimé clairement un point de vue de bon sens sur ce sujet sensible, soulignant à quel point laisser planer la possibilité d'une promesse impossible à tenir était délétère pour tous : « *La Turquie est un grand peuple, promis à un grand avenir. Il a droit à la vérité. La vérité, c'est que cet avenir se bâtira hors de l'Union, mais nous souhaitons que ce soit en*

 Une fois de plus, la clef de la réussite passe par l'affirmation claire des valeurs européennes... Un chantier au moins aussi urgent, si ce n'est plus, que celui de la réforme des institutions !

C'est encore cette question du partage des valeurs qui crée une cacophonie diplomatique européenne, en novembre 2015, quand l'Union décrète un étiquetage des produits israéliens en provenance du Golan et de Judée-Samarie, en faisant un moyen de pression dans la délicate résolution du conflit israélo-palestinien. Exemple typique de sujet sensible où l'arbitraire bruxellois ne conduit pas nécessairement à une prise de position unanime des Etats membres, tant y entrent en jeu des sensibilités et des proximités politiques et culturelles, mais aussi plus simplement le degré de connaissances historiques des dirigeants de chaque pays sur un dossier complexe, où la lecture de la presse ne permet pas toujours de se forger un point de vue objectif ! Au sein même des Etats, parfois, le débat est difficile à trancher. Ainsi, en Allemagne, début décembre 2015, Norbert Lammer, président du Bundestag, se prononce contre cet étiquetage, déclarant que cette directive « *est inutile et imprudente. Elle discrimine uniquement Israël* » ... contredit quelques jours plus tard par Angela Merkel, qui s'y déclare favorable. Dans la foulée, la Grèce se prononce contre la directive, tout comme la Hongrie... et le ballet des prises de positions divergentes se poursuit. Quand elle s'avère incapable de parler d'une seule voix, l'Europe écorne considérablement sa crédibilité internationale : incapable d'afficher une décision commune, comment bénéficierait-elle du poids et de l'aura de l'ensemble de ses Etats membres ? Sans épiloguer sur l'absurdité d'une directive qui, outre son aspect discriminatoire, aboutit avant tout à mettre des Palestiniens –employés pour beaucoup dans ces entreprises de proximité, et souvent payés trois fois plus cher que dans d'autres emplois locaux sur leur territoire- au chômage technique, elle a servi à souligner, et à montrer internationalement, les flottements politiques de l'Europe quand il s'agit de s'appuyer sur des valeurs, puisque le corpus de valeurs de l'Europe demeure dans le domaine de l'informulé. Il n'est que temps d'y remédier !

Chapitre 6

Construire de nouvelles institutions pour une Europe plus démocratique et plus proche des citoyens

Que l'on soit plutôt partisan d'une Europe fédérale ou d'une Europe composée d'États-nations, l'idée même de la construction européenne implique, ainsi que nous l'avons déjà souligné, une mutualisation, à un degré ou à un autre, des moyens et des intérêts de chacune de ses composantes.

Au lendemain du Brexit, les domaines régaliens semblent, plus que jamais, inaccessibles à toute intégration plus forte dans des politiques européennes, et les partisans d'une Europe de plus en plus régalienne sans devenir à la fois plus politique et plus légitime, les deux étant d'ailleurs étroitement liés, sont chaque jour moins nombreux et moins crédibles. La monnaie commune, qui concerne à ce jour dix-neuf des Etats de l'Union Européenne (Allemagne, Autriche, Belgique, Espagne, Finlande, France, Irlande, Italie, Luxembourg, Pays-Bas, Portugal, rejoints par la Grèce en 2001, la Slovénie en 2007, par Chypre et Malte en 2008, la Slovaquie en 2009, l'Estonie en 2011, la Lettonie en 2014 et la Lituanie en 2015 –auxquels on pourrait ajouter le Monténégro et le Kosovo, qui utilisent l'Euro sans accord formel et hors du cadre d'une convention monétaire... et d'une appartenance à l'Union Européenne, ainsi que les micro-états (Monaco, Vatican, San Marin et Andorre) qui bénéficiaient d'accords monétaires antérieurs avec un Etat membre-, est elle-même à nouveau ressentie comme l'abandon quotidien d'une fonction régalienne, avec une virulence que l'on n'avait plus constaté depuis l'époque de son entrée en vigueur, voici plus de quatorze ans, et cela alors même que nombreux sont ceux qui lui reconnaissent des effets économiques plutôt bénéfiques pour l'ensemble de la Zone Euro ainsi que pour chacune de ses composantes en particulier. Comment serait évaluée, par exemple, la solvabilité de la Grèce, si elle avait conservé sa monnaie nationale ? La crise de confiance dans les institutions européennes, matérialisée par le vote britannique du 23 juin dernier, est donc bel et bien la source, plus que d'une crise de confiance monétaire, d'une crise existentielle quant à la pertinence d'une monnaie commune. Le fait que l'idée d'un retour de l'Europe aux monnaies nationales ne soit plus taboue, y compris chez certains Prix Nobel d'Economie –ainsi que nous le détaillons au chapitre suivant-, mais surtout dans les opinions publiques, est un symptôme majeur d'une résurgence tendancielle, si ce n'est des nationalismes, du moins de l'idée de nation comme seul espace de référence pertinent, dont la monnaie est un symbole puissant et un vecteur de souveraineté.

La désaffection de plus en plus marquée des citoyens vis-à-vis d'une Europe qui n'a pas su affirmer avec assez de force ses valeurs communes et son identité est d'autant plus sensible que les accords de Schengen, établissant une zone de libre circulation des personnes, des capitaux et des marchandises, emblématiques des politiques intégrées de l'Union Européenne, s'avèrent aujourd'hui un échec cuisant –on pensait, lors de leur rédaction, à la libre circulation des citoyens européens, mais ils empêchent aujourd'hui de réguler efficacement les flux internationaux-, mais aussi et surtout un véritable cataclysme géostratégique pour chaque Etat membre, depuis qu'en 2015, des migrants de toutes origines affluent massivement vers l'Europe, imaginée comme un El Dorado pacifique et prospère. Un El Dorado don chacune des composantes souffre désormais à la fois d'un choc des cultures d'autant plus difficile à gérer qu'on lui a consciencieusement appris, depuis des décennies, à ne pas trop fermement affirmer ses valeurs, dans un esprit de tolérance et de multiculturalisme de principe, et d'une impuissance à l'endiguer ou à le réguler, puisque le contrôle des frontières lui échappe pour une bonne part. La suspension momentanée de l'application de Schengen, prévue par les textes, est d'avis quasi unanime, une solution insuffisante et insatisfaisante, et nombreux sont ceux, dans les classes politiques des nations européennes, qui appellent de leurs vœux un nouveau Traité, parfois qualifié de Schengen II, pour pallier les insuffisances du premier. D'un point de vue pratique, s'accorder sur des règles communes à 27, et faire que ces règles communes soient susceptibles de ratification par les populations de chacun des Etats membres, pourrait tenir davantage du vœu pieux que du projet politique. Et pourtant, le temps presse. Si la pression des événements, y compris des faits divers symptômes de choc des cultures (songeons à la soirée du Nouvel An 2016 à Cologne !), s'accélère plus vite que le temps politique européen, ce sont des solutions nationales qui seront de plus en plus fréquemment recherchées, voire imposées par la pression populaire. Sans mésestimer le poids que cela pourrait avoir sur les scrutins à venir, pas seulement européens, d'ailleurs, en termes de percée des partis traditionnellement eurosceptiques.

Pourtant, on ne souffre sans doute pas de « trop d'Europe », mais de « pas assez d'Europe », ou plus sûrement encore, de pas assez de cohérence dans ce qui relève ou non de l'Europe. Chaque État a voulu conserver sa propre politique migratoire, mais plusieurs d'entre eux ont mutualisé leurs frontières au sein de l'espace Schengen. Pourquoi nommer un commissaire européen à l'élargissement –alors qu'à l'évidence les peuples européens ne le désirent pas, et que l'intérêt même d'une construction européenne solide et harmonieuse impose de le différer – et pas un commissaire européen aux frontières, qui sont LE grand sujet sensible pour l'Europe, à la fois du point de vue économique et de celui de la sécurité ? On peut y voir le miroir et la répétition de l'erreur qui fut commise lors de la création de l'Euro, qui n'avait pas prévue simultanément une harmonisation des fiscalités pour éviter un dumping fiscal ou social. Traiter à moitié un sujet, c'est à coup sûr voir les inconvénients surpasser les avantages, et les citoyens se plaindre de « trop d'Europe » là où elle est inefficace de s'être arrêtée à mi-chemin ! Sans doute est-ce là l'inévitable écueil d'une gouvernance sans projet politique, sans légitimité démocratique forte, et non génératrice d'une identité affirmée et créatrice de sentiment d'appartenance et de fierté...

Le problème de la faible légitimité démocratique de l'Europe est un péché originel qui prend naissance dans le mode d'élection même des parlementaires européens. En pratique, chaque État décidé de son mode d'élection – certes dans un cadre déterminé – mais les listes sont établies dans un cadre national. L'Europe est donc le but, mais elle n'est pas le chemin. Et comme les campagnes sont elles aussi nationales, elles ne sont pas à même de véhiculer l'image que l'Europe a d'elle-même et de ses aspirations, mais seulement celles que les responsables politiques du pays concerné s'en font. Une élection à l'échelle de l'ensemble des Etats membres, avec des listes où figureraient des représentants de l'ensemble des pays concernés, et peut-être des clivages politiques traditionnels droite/gauche plus marqués –quoi que la pertinence de ceux-ci soit elle-même de plus en plus sujette à caution-, aiderait probablement l'esprit européen à s'installer... en Europe.

Lors de l'élection régionale française, un chef de file constitue une liste avec un nombre défini de candidat de chaque département composant ladite région. Le chef de file a un projet politique clairement identifié, qu'il soit d'extrême gauche, de gauche, du centre, de droite ou d'extrême droite. Une fois le résultat du scrutin tombé, les sièges sont repartis à la proportionnelle avec une prime majoritaire pour dégager une majorité claire. Chaque conseiller régional, n'est pas le représentant du département dont il est issu au conseil régional, mais l'inverse, conformément à la tradition française bien ancrée d'interdiction du mandat impératif. Il représente donc la Région dans son département d'origine. La décentralisation, en France, n'a été initiée qu'en 1983, mais le fait régional a été renforcé et légitimé notamment grâce à ce mode particulier de scrutin, dont l'Europe pourrait avoir beaucoup à gagner à s'inspirer.

Or, l'élection européenne est aujourd'hui construite sur un principe inverse : chaque pays envoie ses Députés européens défendre les intérêts de ce pays et non l'intérêt européen qui parfois dépasse l'intérêt spécifique de tel ou tel de ses États membres. Ainsi, si l'on prend l'exemple des députés européens issus du groupe PPE, ils ne sont pas élus sur un projet unique pour l'Europe dans chaque pays européen : ils sont élus dans chaque pays européen en fonction de slogans nationaux, et le résultat des élections européennes se transformant souvent en vote sanction, le groupe PPE se trouve renforcé en nombre de parlementaire si, par exemple, en France, nos concitoyens ont décidé de sanctionner la gouvernance socialiste nationale. Cela signifie aussi que les députés européens siègent au sein et au nom de groupes parlementaires dont leurs électeurs ignorent le plus souvent jusqu'à l'existence ; ils continuent d'ailleurs généralement à les associer exclusivement à leur étiquette politique nationale, et seraient bien étonnés d'apprendre qu'il n'y a pas de groupe socialiste, communiste ou Les Républicains au Parlement de Bruxelles.

Le plus paradoxal reste sans doute la constitution du groupe Europe des Nations et des Libertés, dont les membres se retrouvent pour défendre l'idée de nationalisme et d'opposition à la construction européenne, prônant au sein même de l'enceinte du Parlement européen… la fin de l'Europe ! C'est comme si, au sein de l'Assemblée Nationale, un groupe parlementaire avait pour programme central d'appeler à l'indépendance de la Corse ou de la Bretagne !

Mais on peut aussi être nationaliste et défendre l'idée européenne. Si on est vraiment nationaliste, on devrait même vouloir plus d'Europe dans certains domaines : la création de lignes à grande vitesse par exemple ne peut se faire, pour les États les plus petits, qu'en passant par l'Europe. C'est le principe de subsidiarité des politiques publiques, qui trouve une illustration parfaite dans les domaines où une question d'échelle le rend pertinent, voire indispensable. La meilleure garantie d'un exercice du principe de subsidiarité proportionné et réservé aux domaines où il est un gage d'efficacité pourrait être, par exemple, de le doter pour pendant d'une clause de compétence générale réservée aux Etats ; ceux-ci seraient alors fondés à se saisir de tout sujet qui ne serait pas réglementairement un pré carré européen, ce qui constituerait, de plus, un frein certain à l'inflation normative de l'Union, qui concentrerait son action sur un petit nombre de domaines où sa plus grande efficacité est reconnue et sanctuarisée. Le corollaire, c'est que l'Europe ne peut se construire en n'ayant en tête que ce principe. Sinon elle sera vécue comme trop intrusive.

Chapitre 7

Brexit, et après ? D'une occasion manquée à la théorie du lotissement comme nouveau paradigme géopolitique

Si l'on adopte une perspective historique sur plusieurs décennies, et que l'on ne pêche pas par excès d'optimisme en prétendant que le Brexit sera sans conséquence sur le reste de l'Europe ou sur les institutions européennes, on ne peut s'empêcher de considérer celui-ci comme une occasion manquée. Soixante-dix années de paix continentale et d'amélioration des conditions de vie dans tous les Etats de l'Union n'auront donc pas suffit à sanctuariser l'idée européenne, puisque l'un de ses membres vient de la quitter et que, quand on écoute les signaux faibles émanant des opinions publiques nationales dans des pays comme la France, les Pays-Bas, le Danemark, la Suède, l''Autriche, ou encore la Hongrie, on ne peut pas exclure que d'autres tentations référendaires se manifestent sur le même sujet, ni exclure qu'elles produisent le même résultat électoral. Au moins dans le cas de l'Autriche, de la France et des Pays-Bas, ce risque ne doit cependant pas être exagéré, car il existe, par rapport à la situation britannique, un critère qui fait toute la différence : l'appartenance à la zone euro, qui crée entre ses membres des liens économiques et monétaires beaucoup plus étroits et qu'il est, ipso facto, beaucoup plus difficile d'envisager de rompre, même si 175 économistes prestigieux, dont plusieurs prix Nobel, ont publiquement évoqué la sortie de l'Euro comme une alternative à la crise. Ainsi, Joseph Stiglitz, Prix Nobel d'Economie 2001, a déclaré que *« Si le Royaume-Uni et les autres ne veulent pas faire ce qui est nécessaire (...) alors il faudra peut-être abandonner l'euro pour sauver le projet européen. »*, et s'est vu emboîter le pas par Paul Krugman, Prix Nobel d'Economie 2008, (Université de Princeton) : *« La triste vérité est que le système euro semble de plus en plus voué à l'échec. Et une vérité encore plus triste est que vu comme le système se comporte, l'Europe se porterait sans doute mieux s'il s'écroulait plutôt aujourd'hui que demain »*, *« Quelle est la solution ? Dans les années 1930, la condition primordiale pour sortir de la crise a été l'abandon de l'étalon-or. L'équivalent aujourd'hui serait d'abandonner l'euro et de revenir aux monnaies nationales. »*

Sur le sujet de la pertinence de l'Euro, Milton Friedman, Prix Nobel d'économie 1976 est encore plus sévère, déclarant que *« Le marché commun européen est l'exemple d'une situation non favorable à une union monétaire. Elle est composée de nations séparées, dont les résidents parlent différentes langues, ont différentes coutumes, et ont une bien plus grande loyauté et un plus grand attachement à leur propre pays qu'à un marché commun ou à l'idée d' « Europe »* « *Il va exacerber les tensions politiques en convertissant des chocs divergents qui auraient pu être corrigés par les taux de change, en des problèmes politiques qui vont diviser ces nations ».* Et pourtant... Quand on voit le temps, les investissements et la volonté politique qu'il a fallu à chacun de ses membres pour que la zone Euro voie le jour, on n'ose imaginer la difficulté que représenterait le chemin inverse pour un Etat qui voudrait en sortir. De plus, malgré les intuitions convergentes de nombreux grands noms de la science économique sur le sujet, il n'y a pas, à ce jour, de preuves autres qu'empiriques que l'Euro n'ait pas été un instrument de prospérité en facilitant les échanges commerciaux et en garantissant un taux de convertibilité fort face au dollar et à la plupart des autres monnaies sur les marchés internationaux ; il y a encore moins de certitude qu'il ait pu être un frein économique. Et comme sans l'appartenance à l'Union Européenne, point d'appartenance à la zone euro, certaines velléités référendaires pourraient bien rester lettre morte ou sans effet... ce qui serait d'ailleurs plutôt à la tradition de l'Union Européenne qui a, à plusieurs reprises, au cours du dernier quart de siècle, manifesté une tendance forte à se mettre à l'abri des passions populaires en considérant que « non » n'était pas une réponse...

On peut ainsi citer le non danois au Traité de Maastricht, exprimé à 51,70% en 1992... et les danois durent revoter. Ou le non irlandais, à 53,20%, au Traité de Nice, en 2001, qui aboutit, lui aussi, à un nouveau vote... Ou encore en 2005, les « non » français (54,90%) et néerlandais (61,50%) à la Constitution européenne, qui furent tout simplement ignorés. Ou le non irlandais, en 2008, au Traité de Lisbonne, qui ramena lui aussi les électeurs aux urnes... Ou encore, voici quelques mois, le non des Grecs, à 61,30%, au plan de redressement européen, dont il ne fut tenu aucun compte... Cet étrange mode de gouvernance, qui consiste à interroger démocratiquement les populations, mais à ne tenir compte du résultat que s'il vient corroborer le plan savamment élaboré par les technocrates bruxellois, n'est sans doute pas étranger au divorce entre les citoyens de l'Union, qui se sentent au final moins des citoyens que des administrés, et les institutions communautaires. Au fonds, la remarque de Jacques Attali, qui veut sanctuariser certains sujets pour empêcher les populations de se prononcer dessus, n'est qu'une traduction de cette logique, poussée jusqu'à l'absurde, tout comme l'est la petite phrase fort mal venue d'Emmanuel Macron, quand il estime, à la suite d'Alain Minc, que *« les gens peu éduqués, peu diplômés, ont massivement voté pour le leave ».* les commentaires autour du référendum britannique auront véritablement constitué une occasion de distinguer qui, parmi nos élites politiques, avait une conception à géométrie variable, voire hautement personnalisée, de la démocratie, de Jacques Attali qui ne veut pas voir le peuple, nécessairement plus émotif que réfléchi, voter sur des sujets sérieux qui concernent le progrès, à Emmanuel Macron qui conditionne la pertinence d'un bulletin de vote au niveau de diplômes de celui qui le met dans l'urne (argument que l'on opposait d'ailleurs, voici quelques décennies, aux électeurs du Front National), en passant par François Fillon, qui prône le jeunisme sur les sujets européens, en créditant les électeurs de deux voix en-dessous d'un certain âge... on doit presque s'étonner que personne n'ait prôné le retour au suffrage censitaire, qui aurait immanquablement placé en position de force les très europhiles banquiers londoniens ! Quand de telles voix s'expriment pour tenir de tels propos, la frange la plus europhile de l'Europe se porte préjudice à elle-même en relativisant des valeurs qu'elle devrait défendre car elles sont notre héritage commun. Comme la démocratie, qui est ou qui n'est pas, mais qui ne saurait en aucun cas être relative et continuer à exister. Ce n'est qu'en défendant ses valeurs fondatrices et ses racines profondes que l'Europe, quelle que soit la forme juridique qu'elle prendra à l'avenir, pourra continuer à tenir sa place de grande civilisation –peut-être plus grande que les autres, car pétrie d'humanisme-, qu'elle semble désormais avoir tant de mal à revendiquer, sous les effets conjugué d'un multiculturalisme de principe et d'une propension à la repentance historique qui fait souvent fi de la réalité contemporaine.

Paradoxalement, alors que ces voix de commentateurs porteurs d'une vision hautement personnelle de la démocratie s'élèvent, l'Union Européenne va, pour la première fois depuis de longues années, tirer les conséquences d'un vote populaire qui lui dit non, et même semble pressée de le faire, les délais demandés par David Cameron pour laisser à son successeur la responsabilité du recours à l'article 50 ayant, de toute évidence, largement indisposés les autres dirigeants européens, collectivement partisans d'une sortie britannique rapide. Il ne serait pas raisonnable d'y voir une quelconque anglophobie, même s'il est vrai que les relations entre le Royaume-Uni et ses voisins européens ont fort souvent été empreintes d'une méfiance réciproque, les Britanniques trouvant généralement les européens trop intrusifs, et l'Europe vivant difficilement, pour sa part, la tendance atlantiste et autocentrée de nos amis d'outre-Manche... Il ne serait pas raisonnable d'y voir une quelconque anglophobie, du moins si l'on ne sombre pas dans l'excès de dispenser de visas les Turcs, et d'en imposer aux Britanniques. L'entrée dans l'Union Européenne de la Turquie, avec qui nous partageons au final fort peu de proximités de valeurs, de culture ou de civilisation, détruirait beaucoup plus certainement et irrémédiablement l'Europe qu'aucun Brexit n'en aura jamais le pouvoir et, membre de l'UE ou non, le Royaume-Uni dans son entier demeure indéniablement un partenaire économique privilégié, profondément attaché à notre commun destin continental. Par contre, il est facile d'y voir la preuve que l'appareil technocratique bruxellois, confronté, avec les résultats du scrutin du 23 juin 2016, à la réalité de ses institutions à bout de souffle et de la profonde désaffection des citoyens de l'Union, s'est soudain trouvé pressé de saisir cette opportunité obligatoire de se réformer, même si c'est encore sans trop savoir dans quelle direction diriger ses pas. A commencer par savoir si l'UE se réformera assez vite et assez en profondeur pour reconquérir l'adhésion et l'enthousiasme de sa population, et conserver une existence institutionnelle forte, faute de quoi il faudra songer à donner d'autres formes aux indispensables solidarités continentales.

Les incertitudes quant aux fondations sur lesquelles vont se bâtir les futures relations entre l'Union Européenne et le Royaume-Uni sortant ont été fort bien analysées, quelques jours avant le vote britannique, par Charles de Marcilly, responsable du bureau bruxellois de la Fondation Robert Schuman, et Pieter Cleppe, représentant du groupe de réflexion Open Europe, qui expliquent que d'un côté, la Commission et la France sont en faveur d'un ligne dure, propre à envoyer un message dissuasif quant à toute velléité de sortie de l'UE, et que de l'autre, certaines capitales européennes sont moins intransigeantes, car avant tout soucieuses de ne pas compromettre les relations avec un partenaire qui pèse lourd dans leur balance commerciale. C'est par exemple le cas de la Belgique, qui réalise beaucoup d'exportations vers le Royaume-Uni, en particuliers depuis les ports d'Anvers et Zeebruges. Au-delà des positions de principe, le bon sens voudrait que ce soit aussi le cas de la France, pour qui les échanges avec le Royaume-Uni représentent l'une de ses rares balances commerciales encore très largement positive. L'intransigeance française, à laquelle Angela Merkel emboîte volontiers le pas, trouve son explication dans des problématiques de politique intérieure et de calendrier électoral : à moins d'un an de l'élection présidentielle française et des élections législatives françaises et allemandes, François Hollande, tout comme la Chancelière d'outre-Rhin, souhaite vivement contrecarrer la montée des courants populistes (Front National en France, Parti pour la liberté néerlandais, AFD allemand…), opposés à l'intégration européenne, en leur coupant sous le pied l'herbe de la critique quant à la gestion du Brexit par les gouvernements en place.

Par ailleurs, l'Union s'engagera-t-elle rapidement dans une réforme de grande ampleur de son mode de fonctionnement et de ses relations avec les citoyens, ou préfèrera-t-elle se concentrer, jusqu'à la fin de la législature en cours, sur deux ou trois sujets emblématiques tels que la crise des migrants ou la relance économique, afin de démontrer sa plus-value ? Cela demeure, à ce jour, un grand point d'interrogation, d'autant que si l'attentisme serait probablement une faute et une nouvelle source de déception populaire, il ne suffit pas de vouloir pour pouvoir, comme le démontre l'idée d'une initiative franco-allemande en matière de sécurité et de défense pour relancer la dynamique communautaire, qui circule mais ne convainc personne, et aura de toutes façons, au mieux, une portée limitée, dans la mesure où une défense européenne sans patriotisme européen s'appuyant sur l'affirmation et l'intégration à la psyché collective de valeurs communes et d'un imaginaire commun, n'a guère de chance d'être davantage qu'un vœux pieux. On ne se bat et on ne meurt finalement qu'au nom d'un sentiment d'appartenance, et l'Europe ne saurait se doter d'une vraie défense commune tant qu'elle n'en sera pas génératrice –ce qui n'empêche évidemment pas de mener de potentielles opérations en commun, sous la direction de l'un des pays européens dotés d'un commandement intégré.

Si, pour repartir sur de bonnes bases, l'Union Européenne a besoin de nouvelles institutions et d'actions concrètes, elle a aussi besoin d'un souffle épique, et il n'est pas certain que ce soit dans les dossiers des technocrates bruxellois qu'elle ait une chance de le trouver, l'un d'entre eux, résumant un sentiment qui semble assez général, ayant récemment déclaré *« Après un référendum perdu et au moment où l'on sent bien que les citoyens n'ont guère d'appétit pour plus d'Europe, ce n'est sans doute pas le moment de lancer un nouveau grand projet »*. Grave erreur d'un raisonnement basé surtout sur la frilosité, et qui ignore superbement que le sentiment d'adhésion et le retour en grâce de l'idée européenne et des institutions qui vont avec ne pourra se faire qu'autour d'une vision pour les décennies à venir, d'un projet de civilisation appuyé sur notre Histoire et nos valeurs communes, et le storytelling qui va avec pour les inscrire et les raviver dans l'imaginaire collectif des Européens. Les citoyens détestent les politiques et les technocrates quand ils se font les gestionnaires zélés de nos petits maux quotidiens, pour lesquels ils ne sont, au mieux, qu'un effet placebo ; ils les admirent et les respectent quand ils les font rêver et se font les prophètes d'une vision collective dans laquelle tous sont envie de s'impliquer. Quand ils ne transmettent pas cette vision collective, la société ne génère plus de sentiment d'appartenance, et son délitement commence rapidement à se sentir au quotidien, par la montée des petites incivilités, puis des plus grandes, de la part de ceux qui ne trouvent pas leur place dans un projet commun trop peu visible, voire même absent. Il est certain que si l'Europe veut continuer à exister, et plus encore si elle veut être plus que la somme de ses parties, elle a l'obligation d'être ambitieuse dans ses projets, et sûre d'elle-même dans ses valeurs et son identité... le problème étant que les élites européennes, au travers de leur formation comme de leur parcours politique, ont appris strictement l'inverse : être des gestionnaires prudents et pétris de cosmopolitisme, fût-ce au prix d'une ambition se résumant à l'ambition personnelle et d'une identité qui s'enorgueillit avant tout de ne pas s'affirmer. Si l'Europe souffre de l'inflation normative et de l'excès de bureaucratie, elle en souffre de toute évidence moins que du manque de vision dont elles sont la conséquence. La question étant de savoir si le Brexit aura été un choc suffisant pour nous rappeler, individuellement et collectivement, ce qui a fait rêver les Pères Fondateurs de l'Europe, et pour nous donner une vision pour l'avenir propre à prolonger leur rêve... Avec ou sans les Britanniques, l'avenir de l'Europe est dans l'enthousiasme qu'elle s'avérera capable de susciter, et qui est aujourd'hui presque entièrement à réinventer.

Pour réinventer cet enthousiasme, il ne faut pas se leurrer, la route risque d'être longue. D'autant plus longue que les reproches adressés à l'Union Européenne ne craignent pas d'être paradoxaux, tout en étant la plupart du temps plutôt exacts. Ultralibérale, elle réussit ainsi le tout de force d'être simultanément génératrice d'inflation normative, via une production effrénée de règlements en tous genres. Eloignée des citoyens et de leurs préoccupations, ils n'en ont pas moins le sentiment qu'elle intervient dans tous les domaines de leur vie, des plus importants au plus insignifiants, allant jusqu'à influer sur le contenu de leurs assiettes, via les normes relatives à l'activité agricole ou aux produits transformés.

Distributrice de milliards d'euros de subventions et d'aides diverses –d'ailleurs pas toutes réclamées, loin s'en faut, compte tenu des complexités administratives qui y président-, elle n'en est pas moins perçue comme un facteur d'appauvrissement national, faisant du « *I want my money back* » de Margaret Thatcher une sorte de premier pas prophétique vers le Brexit... La liste des paradoxes européens est longue, mais se résume en fait à une unique réalité : quand les citoyens ressentent un déficit de démocratie, se développe une désaffection pour l'institution qui en est cause, et tout ce qui émane d'elle – et même tout et son contraire- est dès lors éminemment critiquable.

Mais poussons le constat jusqu'au bout : le déficit démocratique de l'Europe lui serait nettement moins reproché s'il ne se doublait pas d'un déficit de son rôle économique. Déficit au demeurant peu surprenant : comment peut-on assurer la prospérité partagée de 28 Etats aux situations disparates avec la même philosophie et souvent les mêmes outils qu'on le faisait, quelques décennies plus tôt, pour les six pays fondateurs, dotés d'une grande proximité sur de nombreux points ? Si l'Europe veut retrouver du sens et de la légitimité aux yeux des citoyens, elle ne pourra pas faire l'impasse sur la nécessité de renouer avec une politique efficace et lisible par tous en tant que moteur des économies nationales. Si l'Europe, vecteur de paix, semble un acquis depuis des décennies, on lui demande encore, indéniablement, d'être un vecteur de prospérité : c'est à l'Europe par exemple de créer le cercle vertueux d'une appétence internationale pour les produits européens, gage de qualité, et un véritable « supra patriotisme économique » à l'échelle continentale. Elle se ferait ainsi le vecteur de la déclinaison économique de *La théorie du lotissement*, développée par Loïck Roche, président du Chapitre des Ecoles de Management (Presses Universitaires de Grenoble, 2016), qui explique que quand les relations concurrentielles entre deux entreprises –mais cela vaut aussi pour deux pays- se déclinent sur le mode du mauvais voisinage, cela s'avère vite contre-productif, et qu'elles concourent à leur appauvrissement mutuel. La métaphore est lumineuse : dans un lotissement, votre maison a d'autant plus de valeur que celles du voisinage sont belles et bien entretenues ; au contraire, la plus belle maison du monde dans un quartier délabré vaudrait bien peu ! Se dépasser soi-même, et souhaiter que ses voisins en fasse autant, en les aidant si nécessaire à en avoir les moyens, est donc une optique rentable à long terme, et pourrait être une optique européenne pertinente, loin de toute velléité fédéraliste mal perçue : il s'agirait de donner à chacun des Etats membres, sans porter atteinte à sa souveraineté, les moyens et l'ambition de sa réussite, car celle-ci concourt à l'intérêt de chacun, donc à un intérêt général qui n'est pas la somme des intérêts particuliers, mais un vecteur pour optimiser chacun d'entre eux. La Silicone Valley illustre parfaitement la pertinence de cette théorie, mettant l'excellence collective et la capitalisation commune sur la bonne réputation de chacun, au service de la réussite individuelle.

Si l'Europe serait fondée, et probablement bien inspirée, à penser son avenir sur la base de la théorie du lotissement, ou d'une variante de celle-ci, elle pourrait également y trouver une approche apaisée pour définir et établir ses futures relations avec le Royaume-Uni sortant : la position de Bruxelles et de François Hollande, consistant à imposer les conditions les plus dures possibles aux Britanniques pour décourager toute tentation de sortie ultérieure, a déjà fait long feu. En effet, dès le 2 juillet 2016, George Osborne, le ministre britannique des Finances, a fait part, dans un entretien au *Financial Times*, de son souhait de mettre en place une *économie super-compétitive »*, afin d'inciter les entreprises hésitantes à demeurer au Royaume-Uni. La première mesure annoncée pourrait bien être un gage de réussite, puisqu'il s'agit de baisser de plus de 5 points le taux de l'impôt sur les sociétés, le faisant ainsi passer de 20% (niveau déjà fort bas par rapport à d'autres Etats européens) à moins de 15%. Seule l'Irlande voisine peut se targuer d'une fiscalité sur les entreprises plus attractive, avec un impôt sur les sociétés à 12,5%. Mais l'attractivité irlandaise trouve aussi sa source dans la proximité de la prospère place économique et financière londonienne ; dans cette optique, qui souligne la pertinence de la théorie du lotissement au niveau des économies nationales, les mesures britanniques pour conserver le dynamisme de leur tissu entrepreneurial sont aussi une bonne nouvelle... vues de Dublin ! Et, le Royaume-Uni étant en Europe, ce qui concourt à son attractivité économique participe également à la nôtre, bien comprise.

Hélas, il semble que la technostructure européenne soit encore fort éloignée de la théorie du lotissement ou de toute logique visant à admettre que ce qui profite à un pays géographiquement et historiquement situé en Europe est nécessairement bon, à long terme, pour la prospérité économique de notre continent dans son ensemble. Brexit ou non, nos images sont associées, comme nos destins et, vus de Lima ou de Shanghai, Anglais, Français, Allemands et Espagnols sont collectivement des Européens, qui partagent beaucoup de défauts et de qualités, de compétences et de points faibles. De ce point de vue, la condamnation par Pierre Moscovici, Commissaire Européen à l'Economie et aux Finances, de la décision de George Osborne de baisser sensiblement – du quart- l'impôt sur les sociétés au Royaume-Uni pour conserver à Londres une réelle attractivité pour les entreprises, est un non-sens, et s'il y a une chose que cette *« compétition fiscale exacerbée »* n'est pas, c'est surprenante ! Non-sens que l'on ne peut déchiffrer qu'au travers de la frustration de voir s'éloigner le souhait du gouvernement français, dont il est notoirement proche, d'attirer massivement dans notre pays les entreprises qui quitterait Londres. L'exode massif de l'activité économique, source majeure de la prospérité de la City londonienne et du pays dans son ensemble, n'aura probablement pas lieu, ou sera extrêmement restreint ; même s'il avait lieu, on peut douter qu'il se fasse très largement à destination de la France, à la fois pour les raisons pratiques déjà évoquées, liées au poids de la fiscalité, au coût du travail et aux conflits sociaux mal gérés de ces derniers mois, mais aussi pour des raisons plus politiques, comme l'insistance de François Hollande, durant sa campagne de 2012 pour la Présidence de la République Française, à marteler *« Mon ennemi est la finance ! »*. A n'en pas douter, un fort argument d'attractivité pour les traders londoniens en mal de Marché Unique !

Outre l'intérêt commun par ricochet, nous devons garder en tête que, membre des institutions européennes ou non, le Royaume-Uni appartient à la même aire culturelle que nous, à la même civilisation que nous, et est vue, depuis les autres continents, comme une partie intégrante de la Vieille Europe, au même titre que l'Italie, l'Allemagne ou l'Espagne. La proximité géographique et culturelle est si forte que nous avons même une reine en commun : Aliénor d'Aquitaine, d'abord épouse de Louis VII, Roi de France, puis d'Henri II Plantagenêt. La France et le Royaume-Uni sont aussi les terres où le souvenir des Celtes et de leurs devanciers est demeuré le plus vivace, et où les imaginations sont le plus nourries de sites mégalithiques et d'esprits de la Nature... Les mythes eux- mêmes sont communs, de la Table Ronde à Robin des Bois. Alors comment s'étonner que, lorsque les résultats du référendum du 23 juin 2016 sont tombés, les falaises de Douvres ne se soient pas éloignées de nos côtes de plus des 33 kilomètres habituels ? Le Royaume-Uni est pour toujours un grand pays européen, même s'il cesse d'être membre de l'Union Européenne, et dans bien des domaines, ses intérêts demeurent les nôtres. Cela ne signifie évidemment pas qu'il faille accorder aux Britanniques un accès inchangé au Marché Unique (quel serait alors l'intérêt d'être membre de l'Union ?), mais plus prosaïquement qu'il faut veiller, dans l'intérêt de tous et de chacun, à établir de nouvelles relations sur des bases équitables et respectueuses des proximités historiques et pratiques : nous voulons continuer à vendre du vin outre-Manche, nous devons répondre aux inquiétudes statutaires et sociales de 300 000 ressortissants qui y travaillent, tout comme à celles des Britanniques présents, voire propriétaires sur notre sol. Un Brexit raté, avec des conséquences délétères pour l'économie du Royaume-Uni, serait à terme un frein beaucoup plus puissant pour l'Europe qu'un Brexit réussi : à quoi servirait-il de doubler le traumatisme politique, sensible dans tous les Etats de l'Union Européenne, d'un traumatisme économique ? Si l'on veut rester purement factuel, considérons les indicateurs boursiers : jamais une grande place boursière européenne ne connaît une baisse soutenue sans que les autres ne lui emboîtent le pas dans les heures ou les jours qui suivent. Mais cela est vrai aussi des hausses. Alors le fait que la baisse de la Livre Sterling ait été très transitoire est une bonne nouvelle à Londres, mais aussi à Paris et à Francfort.

Si le désarroi face à l'annonce du Brexit a été majeur dans les opinions publiques de la quasi-totalité des pays européens, les faits seuls auraient pu suffire à le prévoir et à en nuancer la portée : pour l'essentiel, le Royaume-Uni n'était membre de l'Union Européenne que du bout des lèvres, n'appartenant, par choix, ni à l'espace Schengen, ni à la zone Euro, et bénéficiant d'un statut dérogatoire tant pour le calcul de sa contribution au budget commun que pour sa législation sociale. Si l'on ne saurait prétendre que rien n'est changé, ce serait donc céder au catastrophisme de prétendre que tout l'est : si nos relations sont en apparence un peu plus distendues, nous conservons, avec nos voisins d'outre-Manche, les mêmes intérêts communs qu'hier ; c'est d'ailleurs le cas de tous les Etats européens, pour qui le Royaume-Uni est souvent un partenaire économique privilégié –la France accueille chaque année environ 12 millions de touristes britanniques, par exemple, et nos échanges économiques représentent plus de 50 milliards d'Euros annuels, et l'une de nos balances commerciales largement positives. Ainsi, d'un point de vu géostratégique, les Britanniques demeurent de plein droit nos alliés au sein de l'OTAN (que la France avait quittée pendant quelques décennies avant d'y revenir... Le périmètre des organisations internationales est par essence mouvant sur le temps long, même si on peut le déplorer), et Paris et Londres ont aussi des accords bilatéraux concernant la coopération militaire, qui restent valides de plein droit. Le Président de la République Française commémorant, aux côtés de la Famille Royale Britannique, le centenaire de la très meurtrière bataille de la Somme, les coquelicots se mêlant aux bleuets dans un même esprit de mémoire et de recueillement, en est d'ailleurs un puissant symbole.

Sur le plan de la sécurité, celle de la Manche, qui est l'une des premières routes maritimes du monde, continuera inévitablement à être gérée en commun, dans un souci d'efficacité, et parce que ce sujet, plus sensible que jamais avec l'afflux de migrants, nécessite de la concorde pour œuvrer dans le même sens, sous peine d'être rapidement dépassés. Ce fut d'ailleurs la menace brandie par Emmanuel Macron au lendemain du Brexit, lors de sa visite à Calais : une suspension de la coopération sur ce dossier sensible. Mais ce n'était de toute évidence qu'une menace, et d'autant moins crédible qu'elle relevait de domaines sur lesquels ses fonctions ministérielles ne lui donnent pas autorité. Dans tous les domaines, malgré le choc du « leave » britannique –d'ailleurs rapidement absorbé par les marchés financiers, par exemple-, l'intérêt de chacun, bien compris, devrait conduire à trouver au plus vite des modes de coopération harmonieux et profitables à tous. Les partisans du Brexit ne s'y sont d'ailleurs pas trompés : ils ont présenté, durant toute la campagne, comme fatalement transitoire et léger le séisme annoncé (même si, nous l'avons vu, il en sera autrement en termes de politique intérieure, l'Ecosse et l'Irlande du Nord menaçant le Royaume-Uni de devenir un Royaume-Désuni) ... et l'affolement boursier a mis moins de cinq jours à s'apaiser, donnant raison aux plus optimistes d'entre eux.

Au fonds, d'un point de vue économique, il serait tentant de penser, à la suite de Christine Lagarde, Directrice générale du Fonds Monétaire International (FMI) que l'hypothèse la plus favorable pour tous serait la conclusion avec les Britanniques d'un accord à la norvégienne, avec intégration à l'Espace Economique Européen (EEE), mais il est peu probable que le prochain gouvernement d'outre-Manche ait l'envie de présenter une telle perspective à sa population, qui se sentirait immanquablement flouée : avoir toutes les obligations des membres de l'Union, y compris la libre-circulation des personnes, des capitaux, des biens et des services, mais aucune voix au chapitre quant aux orientations et décisions, c'est très exactement le contraire du souhait qu'ont exprimé les électeurs le 23 juin dernier ! Un statut de pays tiers, régi par les règles de l'Organisation Mondiale du Commerce (OMC), distendrait par contre beaucoup trop des liens dont nous avons souligné, dans ce chapitre, qu'ils sont vitaux pour tous les acteurs concernés : la prospérité britannique continuera à impacter la nôtre, et vice-versa. La solution moyenne ne réside sans doute pas dans le modèle suisse, dont les relations avec l'Union Européenne sont aujourd'hui régies par 123 accords sectoriels bilatéraux, qui impliquent au final un renoncement à toute action sur les normes et une acceptation des quatre libertés de circulation –même si la Suisse a récemment dénoncé celle des personnes-, en échange d'un accès au Marché Unique. Mais un accord à la canadienne ne semble pas non plus la panacée : il s'agit de simples accords bilatéraux de libre-échange, qui permettraient la suppression de la plupart des barrières douanières et la libéralisation des appels d'offre, mais excluraient les services financiers, cruciaux pour Londres. L'incertitude devrait donc persister encore un peu, et donner naissance à un « accord à l'anglaise », dont les modalités restent à définir, sans diluer les intérêts convergeants dans les intérêts particuliers ou dans une logique de sanction d'une défection moins inattendue que la presse, voire la classe politique de la plupart des pays de l'Union Européenne, ne se plaît à le souligner.

Si le Brexit va immanquablement conduire l'Union Européenne à se réformer dans de nombreux domaines, pour repenser les interactions entre ses parties prenantes et avec les pays tiers, elle devra se garder d'oublier, en abordant le volet économique, que son histoire, en la matière, ressemble à un inventaire à la Prévert d'objectifs jamais atteints et autres normes communes volontiers transgressées par les Etats membres ; l'un des exemples les plus emblématiques en est sans doute sa difficulté à faire respecter des indicateurs fondamentaux en matière de gestion publique, alors même que ceux-ci sont de la responsabilité des Etats, et que l'action des acteurs privés ne peut guère être une entrave. Dans le domaine économique, plus encore que dans un autre, l'Union doit s'attacher, pour cesser de prêcher dans le désert, à imprimer une commune dynamique de progression, et à se présenter comme l'échelon pertinent pour générer, via des projets ambitieux pour l'avenir, des enthousiasmes générateurs de sentiment d'appartenance, et au final, de buts communs et d'une identité commune. Pour cela, sans doute faudra-t-il réapprendre à avoir des ambitions grande envergure et une vision à long terme, clefs du sentiment d'appartenance, mais aussi définir un périmètre et une méthode qui conviennent à une structure qui couvre autant de territoires et comporte autant de pays membres. L'Europe, grande puissance économique qui, si elle ne représente que 7% de la population mondiale, produit 24% de la richesse, n'existera pleinement, aux yeux de ses citoyens, que quand elle saura penser en grand dans le temps, et fixer des objectifs communs, sources de fierté, à l'horizon du prochain siècle... A quoi bon, en effet, mutualiser les destins à l'échelle d'un continent si c'est pour porter, au final, les ambitions d'un comptable inquiet ?

Les Européens ne pourront pleinement retrouver les valeurs qu'ils partagent, et qui plongent leurs racines loin dans leur passé commun, qu'au nom d'une vision de l'avenir qui suscitera une fierté commune ; ils doivent retrouver l'envie d'affirmer leur singularité – cette singularité qui a fait de leur civilisation un phare du progrès et de l'humanisme. L'Union Européenne a peut-être, après tout, plus besoin de retrouver foi dans son destin commun que de faire mieux respecter des critères de convergence... L'espace économique européen ne se fera espace politique que s'il se souvient qu'il est, fondamentalement, une civilisation, dont les valeurs s'appuient sur des milliers d'années d'Histoire... mais la route pourrait s'avérer difficile : le Brexit est la preuve que le projet européen est victime de sa dilution dans l'augmentation rapide de son périmètre –de six Etats lors de sa création à vingt-huit jusqu'au vote britannique-, où les points de divergences sont trop nombreux pour permettre une évolution commune harmonieuse, surtout sur une base technocratique déconnectée de l'assentiment des citoyens (que les modalités de scrutin ne garantit en rien, comme nous l'avons vu au chapitre précédent).

Si l'Europe se veut toujours un destin collectif, inutile de penser pouvoir le construire sur la base d'un nouveau traité constitutionnel ou fondateur à 27 ou 28 : les mêmes causes produiraient immanquablement les mêmes effets. Il lui faudra sans doute, au contraire, songer à se rebâtir en s'appuyant sur son noyau historique –peut-être pas avec six Etats, mais fort probablement moins de dix-, et envisager avec les autres une coopération toujours soutenue -la prospérité des uns participant, comme nous l'avons vu, à celle des autres-, mais moins étroites. Il serait aussi possible d'envisager pour limites à ce premier cercle la Zone Euro, mais cela impliquerait alors d'y inclure des Etats en grande difficulté, comme la Grèce, ce qui ne semble pas un point de départ idéal. Quel que soit l'échelon retenu, imaginer une Europe à plusieurs vitesse, fondée sur une intégration différenciée, sera indéniablement une révolution conceptuelle, d'où ne sera pas absent un constat d'échec. Mais il serait dommageable d'en déduire que l'échec vient d'avoir vu trop grand : il vient plutôt de ne pas avoir vu grand dans les bons domaines. On a voulu un grand espace géographique et une gestion commune, plutôt que de grands projets communs dans un périmètre plus restreint. Et on a oublié, au passage, que les valeurs et l'identité communes étaient la raison d'être même du projet européen –projet qui ne peut être viable qui si les citoyens le savent construit sur une proximité culturelle et historique partagée, et justifié par des ambitions communes pour l'avenir.

Cette perspective d'intégration différenciée pourrait d'ailleurs permettre d'avoir des actions communes beaucoup plus pertinentes dans nombre de domaines sensibles : dans un premier cercle plus resserré, la concurrence serait assainie, car des situations économiques plus comparables permettraient d'éviter une asymétrie des contraintes sociales et fiscale, permettant d'aborder, par exemple, dans le cadre de ce nouvel espace européen, les grands problèmes de nos PME et de nos entreprises de taille intermédiaire (ETI). Notons qu'une telle approche a déjà fait ses preuves : elle a par exemple permis à la Banque Européenne d'investissement, en 2013, de soulager 230 000 PME et ETI d'une partie de leurs problèmes endémiques de financement, en leur accordant 17 milliards d'euros d'aides. L'Europe est un échelon pertinent pour traiter des questions économiques, mais une Europe au périmètre plus étroit, avec des réglementations plus harmonisées, ou du moins plus faciles à faire converger, le serait encore plus. Pourtant, pour que cela fonctionne, le changement de méthode devra lui aussi être au programme, et conduire à intégrer le débat public dans l'élaboration des grandes orientations européennes : le sentiment, pour les citoyens de l'Union, que les décisions de Bruxelles sont des oukases qui viennent d'un en-haut auquel ils reconnaissent de moins en moins de légitimité, et qu'ils ne participent en rien à leur élaboration ou à la réflexion préalable à celle-ci, est pour beaucoup dans leur sentiment de divorce irréconciliable avec les institutions européennes. Nos politiques nationaux, à la recherche d'une cause extérieure pour justifier tel ou tel échec, ou telle promesse non tenue, se retranchant régulièrement derrière le fait que c'est « la faute de Bruxelles », ne sont bien évidemment pas exempts de toute responsabilité dans ce sentiment... et c'est d'autant plus paradoxal que la plupart sont europhiles. Sachant l'existence même de l'Union Européenne menacée par l'extension de la tentation référendaire, va-ton assister, durant les prochains mois, et en particulier durant la campagne présidentielle de 2017, à un glissement vers « la faute au Brexit » ? Ce serait un paradoxe de plus, car pour les Britanniques, le Brexit est comme il se doit... « la faute de Bruxelles » !

Puisqu'il vient d'être question de tentation référendaire qui se manifeste aujourd'hui dans un nombre toujours plus important de pays européens, on doit souligner qu'il s'agit finalement d'une réaction plutôt saine des citoyens des différents Etats de l'Union : ayant développé, vis-à-vis de l'Europe, un sentiment de manque démocratique profond, ils demandent à se la réapproprier via les urnes, soit pour se prononcer sur leur appartenance à l'UE, à l'instar des Britanniques, soit pour se prononcer sur son périmètre, comme l'on fait les Néerlandais au début du mois de juin 2016, ou encore à faire entendre leur voix sur des sujets d'une gravité particulière, comme vont le faire les Hongrois, le 2 octobre prochain, pour demander solennellement à l'Europe de renvoyer les migrants récemment arrivés sur le sol de l'Union vers leur pays d'origine. Il ne fait guère de doute que ce dernier vote soit un véritable plébiscite ; nul doute, non plus, qu'il donnerait un résultat similaire dans chacun des pays de l'Union. S'il est un sujet sur lequel les citoyens des Etats européens se retrouvent aujourd'hui, c'est dans le sentiment de se sentir menacés dans leur intégrité territoriale et dans celle de leur civilisation commune ; c'est pourquoi ils sont profondément ulcérés de voir leurs élites continuer à manifester un cosmopolitisme de principe, désormais en décalage avec le ressenti de la plus grande partie d'entre eux, et avec la réalité quotidienne qu'ils subissent pour certains de plein fouet... Pour les Hongrois, mais aussi pour les habitants de Calais ou de Lampedusa, l'aspiration principale en matière de politique européenne est fort probablement qu'elle protège, voire qu'elle sanctuarise ses frontières, dans un monde où les mouvements de population, en plus d'être source d'incertitudes économiques, accroissent objectivement le risque terroriste.

Le discours bien-pensant qui consiste à dire que l'Europe a toujours été une terre d'accueil et de brassage de population ne saurait fonctionner aujourd'hui, non seulement à cause de ces risques que tous s'accordent à estimer élevés, mais aussi pour une question qui relève de l'Intelligence culturelle. On nous dit par exemple qu'en France, la population immigrée représente 8,4% de la population totale, à peu près comme dans les années 1930... ce qui est parfaitement exact. Mais, en 1930, les populations étrangères présentes sur notre sol étaient, dans leur écrasante majorité, d'origine européenne –Italie et Pologne, en particulier- et de culture judéo-chrétienne ; elles pouvaient donc facilement s'inscrire dans un processus d'assimilation qui n'avait même pas besoin de passer par la case intégration. Elles adaptaient leurs modes de vie dès les premiers mois, apprenaient notre langue, donnaient des prénoms français aux enfants nés sur notre sol, et étaient pleinement désireuse que l'Ecole de la République puisse jouer pleinement son rôle, en faisant des citoyens fiers de leur pays d'accueil et reconnaissants envers lui. Et les nouveaux arrivants étaient généralement des familles. Aujourd'hui, si le pourcentage des populations étrangères présentes sur notre sol n'a pas sensiblement évolué, c'est en partie du fait d'une politique de naturalisation d'une incompréhensible générosité. Mais surtout, ces populations sont pour la plupart d'origine extra-européenne, et ajoutent au manque de proximité culturelle une faible volonté de s'intégrer et de fortes revendications communautaristes, auxquelles nos dirigeants cèdent trop souvent par électoralisme ou bien-pensance multiculturaliste (songeons à l'impensable report du rattrapage du baccalauréat 2016 pour permettre de célébrer l'Aïd el Fitr, fête religieuse musulmane marquant la fin du Ramadan ! Le tout dans un pays laïc de tradition judéo-chrétienne, où même la présence d'une Crèche de Noël dans une mairie pose parfois question !). A cette faible volonté d'intégration, il faut ajouter le fait que beaucoup des derniers arrivants sont des hommes jeunes à plus de 75%, et non pas des familles, ce qui a parfois généré, notamment en Allemagne, des tensions avec les populations locales, du fait de comportements inappropriés vis-à-vis de la population féminine... le décalage culturel ne se borne pas à des références communes ; il est aussi un facteur discriminant en matière d'adéquation des valeurs et des comportements.

Alors l'Europe serait-elle aujourd'hui frappée par la tentation du repli ? Notre monde est et restera global, en particulier en matière d'échanges économiques, mais les événements de ces derniers mois pourraient légitimement être la source d'une envie profonde de retrouver et de réaffirmer une identité commune – envie profonde à laquelle les élites politiques et intellectuelles adhèrent pour l'instant plutôt mollement, mais elles dont elles vont devoir se préoccuper, au risque de se trouver aussi déconnectées et aussi mal aimées de la population que ne le sont déjà les institutions européennes. C'est une faute politique et historique, inlassablement poursuivie depuis plusieurs décennies, que d'abandonner à l'extrême-droite, dans la plupart des pays européens, le thème de l'identité. L'identité commune, les valeurs communes, ont été durant des siècles, et doivent impérativement redevenir, la base du sentiment d'appartenance, et d'une fierté partagée qui doit pouvoir être verbalisée, qu'il s'agisse de notre identité de citoyen de notre pays ou de citoyen européen. La réalisation d'ambitions communes passe nécessairement par cette réappropriation de qui nous sommes, de l'Histoire que nous portons et de ce que nous représentons. C'est sans doute aussi en partie cc qu'ont voulu les Britanniques en votant le Brexit ; c'est, de même, ce que souhaite les Ecossais ou les habitants d'Irlande du Nord quand ils font valoir leur différence au sein de la Grande-Bretagne. La réponse à un monde global incertain, pour les personnes comme du point de vue économique, c'est le retour d'une revendication forte de l'échelon le plus identitaire. La gauche moraliste tend à y voir un symptôme fondamental du rejet de l'autre (le vote de « *gens peu éduqués et peu diplômés* », déploré par Emmanuel Macron), mais cela pourrait, beaucoup plus positivement, être un retour de l'amour de soi : être Français, Italien, Ecossais ou Grec, seulement ensuite être Européen, et en dernier lieu citoyen du monde, en respectant en toutes choses cet ordre de préférence et de priorité. Un grand marché européen fonctionnel et proche des citoyens devrait, en ce sens, ne pas rejeter le paradigme selon lequel la préférence nationale est bonne pour l'économie nationale, et la préférence européenne pour l'économie européenne. Ce nouveau patriotisme économique, national puis européen, pourrait par ailleurs porter partiellement remède à la fuite des cerveaux, et conserver talents et forces vives c'est, à moyen terme, plusieurs points de PIB supplémentaires, si l'on y associe une vision de l'avenir propre à fédérer les enthousiasmes.

Mais pour appréhender de façon réaliste les conséquences du Brexit sur l'Union Européenne dans son ensemble, il est encore un point qui doit être évoqué car il est, à bien des égards, plus surprenant que le résultat du scrutin lui-même, ou que les retombées qu'il aura pour la Grande-Bretagne : il s'agit des divergences de vues chaque jour plus criantes entre les deux moteurs de l'Europe, Paris et Berlin, qui tentent, sans beaucoup de succès, de masquer ces dissensions inédites à coup de déclarations conjointes. Sans beaucoup de succès car, il faut bien le dire, la grande déclaration conjointe germano-franco-italienne post-Brexit du 27 juin 2016 s'avéra au final bien insipide, à force d'avoir cherché à ne heurter aucun des points de vue divergents de ses protagonistes. Loin d'être des nuances de surface dans la perception des événements, il semble que se trouve ici illustrée une appréciation fondamentalement différente de la situation entre François Hollande, qui y voit somme toute une opportunité d'en finir avec une version de l'Europe trop libérale à son goût, et Angela Merkel, qui déplore réellement ce coup porté à une Europe dont l'Allemagne sait tirer le meilleur parti. C'est de là, d'ailleurs, que vient l'urgence plus ou moins grande qu'ils accordent à la mise en œuvre de l'article 50, qui doit, pour Paris, avoir lieu au plus vite pour en finir avec ces anglais qui, après tout, ont tenté de nous voler l'Aquitaine et ont brûlé Jeanne d'Arc, et Berlin, prête à accepter un tempo plus lent s'il permet de conserver des relations aussi étroites que possible avec Londres. S'il a fallu quatre jours pour aboutir à cette déclaration conjointe pas vraiment consistante, c'est essentiellement parce qu'il n'y avait pas eu de concertation préalable sur la position commune qui serait défendue, en cas de Brexit, par le couple franco-allemand, qui montre ainsi à quel point les relations se sont dégradées en son sein. Certes, ni François Hollande, ni Angela Merkel, n'aspiraient au Brexit, ou même y croyaient. Mais il aurait été impensable, il y a quelques années encore, que Paris et Berlin n'aient pas pris le temps d'une concertation préalable sur un si important sujet européen – d'autant que la perspective du référendum britannique planait depuis le 23 janvier 2013, ce qui laissait très largement le temps de l'anticiper. Il semble d'ailleurs qu'aucune position conjointe n'avait non plus été discutée en cas de victoire. Ce couple franco-allemand, moteur incontournable de l'Europe, se montre, en cette occurrence difficile pour l'Union, comme au bord de la rupture, quand plus aucun sentiment d'appartenance et de direction commune ne vient atténuer incompréhensions et malentendus, ou ne pousse à une nécessaire empathie diplomatique...

Sans un couple franco-allemand solide pour en assurer la cohésion, l'Union Européenne est d'autant plus menacée par la contagion référendaire qui se fait jour dans plusieurs Etats membres ; si l'Europe survivra probablement, en s'adaptant, à un Etat sécessionniste, nul doute qu'une deuxième défection en entraînerait d'autres, et lui serait fatale ! Tout cela parce que François Hollande a cru voir dans ce Brexit inattendu l'occasion de faire un coup politique en impulsant la création d'une Europe de gauche, ainsi que l'explique Jean-Dominique Giuliani, Président de la Fondation Robert Schuman : « *C'est de la petite politique à usage interne, et qui restera sans effet* ». C'est, de plus, une approche quelque peu irréaliste de la situation que de vouloir une Europe de gauche à l'heure où les opinions publiques se droitisent partout en Europe, notamment en réponse à la crise des migrants, si peu et si mal gérée, que ce soit au niveau national ou supranational. On ne peut néanmoins nier que ce soit dans la continuité directe de la stratégie de François Hollande vis-à-vis de l'Allemagne depuis son élection, en 2012 ; depuis quatre ans, il a systématiquement politisé la relation, jusque-là centrée sur les problématiques économiques communes, entre les deux rives du Rhin, à la fois en misant sur les sociaux-démocrates du SPD contre la Chancelière allemande (CDU), et en essayant de générer un axe des pays du sud de l'Union Européenne, qui demeurent plus affectés par les conséquences de la crise économique de 2008, contre une Allemagne plus prospère et résiliente. Introduire ainsi un rapport de force systématique dans les relations avec l'autre partenaire du binôme qui a donné, durant des décennies, sa raison d'être et sa direction à l'Union Européenne, a fort probablement contribué à fragiliser celle-ci, et à accentuer des clivages faisant apparaître ses décisions comme d'autant plus technocratiques et arbitraires dans l'ensemble des Etats membres. C'était créer, s'il en était besoin, les conditions du Brexit, car quand la confiance entre la France et l'Allemagne est ébranlée, c'est l'Europe qui doute d'elle-même. Plus encore qu'une faute politique, c'est une faute morale envers tous les Européens.

Ajoutons que, dans ce contexte de Brexit, le front sudiste voulu par François Hollande s'est pour le moins avéré un instrument à double tranchant, qui a donné de rapides signes de faiblesse, en partie sous le poids des circonstances, en partie du fait de la grande habileté diplomatique d'Angela Merkel. En effet, la Chancelière allemande, en convient Matteo Renzi à s'associer à la déclaration conjointe du 27 juin 2016, a pu paraître légitimer l'alliance sudiste de François Hollande, mais si on lit les commentaires de la presse internationale, elle a surtout réussi le tour de force de donner au Président français exactement le même poids que celui du Chef du Gouvernement italien : la moitié du sien. C'est donc à la manœuvre diplomatique de François Hollande que la France doit de venir de perdre une partie de sa légitimité pour discuter à pleine égalité avec l'Allemagne. Tout cela pour un axe sud bien fragile et incertain : si il a pu échanger, dans les jours qui ont immédiatement suivi le Brexit, aussi bien avec Matteo Renzi –d'ailleurs bien moins à gauche que lui sur les questions économiques- qu'avec le Premier Ministre grec, Alexis Tsipras, la victoire en Espagne de Mariano Rajoy, homme de droite situé sur une ligne proche de celle d'Angela Merkel, réduit considérablement la portée géographique, politique et économique de l'alliance objective voulue par le Président français. Il faut souligner un autre point qui accroit la fragilité du couple franco-allemand : outre cette tentative désordonnée de création d'un front pour faire basculer à gauche une Europe néolibérale par choix philosophique depuis sa création –l'idée de base est celle d'un Marché Commun, au sein duquel il serait optimal que la Main Invisible, chère à Adam Smith, puisse jouer pleinement-, la politique européenne de François Hollande brille surtout par son inexistence, le conduisant à être absent dans des moments cruciaux pour prendre des orientations cruciales. Peut-on oublier qu'Angela Merkel a été négocier seule avec le Président turc Erdogan sur la question des migrants, qui est sans aucun doute le plus gros défi auquel l'Union Européenne ait été confrontée depuis sa création ? Un sujet dont la France, moteur de l'Europe, aurait pu à bon droit se préoccuper de près, et un sujet sensible dans l'opinion publique sur lequel les Français auraient compris une implication forte du Chef de l'Etat ! Laisser à l'Allemagne le leadership européen systématique quand le sujet ne se prête pas à mettre la barre à gauche aurait été impensable sous les précédentes mandatures, où l'importance de la symétrie du couple franco-allemand était pleinement mesurée et respectée.

Deux jours avant le référendum britannique, ce n'est ainsi pas François Hollande qui se trouvait à Berlin, mais bien son prédécesseur, Nicolas Sarkozy qui, conscient de l'importance capitale des relations franco-allemandes pour l'Europe dans son ensemble, et de la récente dégradation de celles-ci, a tenu à échanger avec la Chancelière allemande sur les initiatives envisageables pour y remédier. Il était l'invité du Conseil économique de l'Union chrétienne-démocrate (CDU), où il a plaidé pour une initiative franco-allemande forte en cas de Brexit, rappelant que *« Pendant la crise de 2008, on ne va pas chercher le Chypriote, le Maltais, le Luxembourgeois. On va chercher Merkozy »*. Il imagine volontiers cette initiative commune prendre la forme d'un nouveau traité européen non ratifié par la voie référendaire, à l'instar de celui de Lisbonne –notons toutefois que ce traité contenait quelques dispositions rejetées par les Français à plus de 54% lors du référendum de 2005-, incluant notamment un Schengen 2 et la création d'un Fonds monétaire européen. Une idée plutôt bien accueillie par Angela Merkel, qui a évoqué de « *très grandes convergences de vues pour prendre des initiatives* ». La question des politiques d'asile resterait cependant, dans une telle optique, une vraie pomme de discorde entre Nicolas Sarkozy et la Chancelière allemande, qui poursuit dans l'optique d'un accueil large, même si l'opinion publique d'outre-Rhin est de plus en plus réservée sur le sujet au regard des nombreux incidents impliquant des migrants qui ont émaillé l'actualité de ces derniers mois. Il va de soi que ce déplacement berlinois n'a pas pour seule perspective l'avenir de l'Europe : il est aussi un instrument de choix sur le terrain de la politique intérieure française, le mettant en scène dans une fonction qu'il connaît bien et qu'il a rempli avec brio par le passé, de moteur européen, que François Hollande semble avoir laissé en déshérence, et le montrant dans une posture présidentielle alors que ses éventuels rivaux de la primaire de novembre 2016 sont, au mieux, présidentiables...

C'est dans le même esprit d'implication géopolitique de haut niveau et de stratégie électorale que Nicolas Sarkozy avait, quelques jours plus tôt, rencontré Vladimir Poutine, soulignant à cette occasion des intérêts communs à ne pas méconnaître avec la Russie, fût-ce au prix d'un certain non-alignement avec les Etats-Unis : la théorie du lotissement fonctionne en premier lieu avec les voisins les plus proches, et il existe avec la Russie un indéniable lien continental : quel conquérant n'a pas imaginé une Grande Europe, de l'Atlantique à l'Oural ? Et quel conquérant est plus efficace et mieux accueilli que celui qui porte dans ses bagages des intérêts de prospérité commune bien compris ? Certes, la Russie est davantage le partenaire d'après-demain que celui de demain. En premier lieu, parce que l'Europe, après le Brexit, a dans l'immédiat plus vocation à resserrer son périmètre qu'à l'élargir –mais cela n'interdit pas les partenariats privilégiés, surtout quand les valeurs communes et une forte convergence de civilisations sont là ! En second lieu, parce que la Russie, si elle est un grand marché potentiel, doit encore consolider sa situation économique pour devenir, dans ce domaine, un partenaire à part entière pour une Europe recentrée sur ses pays les plus prospères : songeons que ce n'est qu'en 2014 que les Russes ont retrouvé leur niveau de vie d'avant la chute du communisme.

Même après le Brexit, même compte tenu de la crise existentielle autant qu'institutionnelle qui en résulte, il est bon d'imaginer des perspectives à long terme, et qu'elles soient ambitieuses. Et puis, gardons à l'esprit qu'hors de notre plancher continental, les pays avec lesquels nous avons des convergences de civilisations et de cultures fortes, qui en font des partenaires naturels, ne sont pas si nombreux : Etats-Unis, Canada, Israël, Liban, Australie, Nouvelle-Zélande… C'est à peu près tout ! Alors la logique européenne, au sens large, conservera nécessairement une pertinence à long terme, quelle que soit la nouvelle construction institutionnelle qui émergera dans les prochains mois ou les prochaines années.

Conclusion

Brexit, et après ?

Formulée dès le XVIème siècle, avec une belle postérité au XVIIIème, et surtout XIXème siècle, l'idée européenne s'est concrétisée au XXème, à l'issue d'une période cataclysmique pour l'humanité en général, et pour l'Europe en particulier : celle de deux Guerres Mondiales. A coup sûr plus restreint, le Brexit n'en est pas moins un séisme, qui va immanquablement conduire l'Union Européenne à se réinventer si elle veut continuer à exister et rester fidèle à sa vocation de moteur et de garant de la prospérité commune. Et à retrouver une pleine conscience de son identité, pour redevenir l'espace d'une grande civilisation s'appuyant sur des racines grecques, romaines, judéo-chrétiennes et celtes, qu'elle a incarné d'évidence pendant plus de deux millénaires, et qu'elle a vocation à incarner toujours. A ce prix, à nouveau génératrice de fierté et de sentiment d'appartenance, elle renouera le lien avec les citoyens des pays qui la composent, qui se sentiront enfin aussi ses citoyens.

Si le Brexit, comme tout changement majeur, est générateur d'inquiétudes et d'incertitudes sur l'avenir de la Grande-Bretagne comme de l'Europe, il est aussi porteur d'un renouveau peut-être bienvenu, et d'opportunités, qu'il va falloir saisir. Il a en tous cas été pour nous le point de départ d'un défi relevé avec succès : celui de l'écriture de ce livre, pour apporter, dans le mois suivant le référendum, notre point de vue sur les événements récents et en cours. Ce n'est pas un ouvrage exhaustif, mais nous formons le vœu qu'ajouté à d'autres réflexions sur le même thème, il contribue à nous conduire collectivement à construire et à être l'espoir que nous formulons pour l'Europe.

Rédaction achevée à Paris,
Le 7 juillet 2016

Postface

Dans l'exercice d'équilibriste que représente l'écriture d'un livre d'opinion peu après un événement majeur d'actualité comme le vote du Brexit par les électeurs britanniques, les auteurs du présent ouvrage ont réussi à concilier le ressenti de l'ambiance post-électorale avec une analyse fouillée des fondamentaux de la construction européenne.

Cet ouvrage décrit une Europe victime de son incapacité à affirmer ses valeurs communes et son identité, une Europe qui doit y remédier sous peine de voir le mouvement d'implosion se poursuivre, voire s'amplifier.

Le signal d'alarme ainsi tiré, sur l'avenir d'une Europe contrainte de se retrouver à travers la réaffirmation de ses valeurs communes, conduit impérativement à l'élaboration d'une initiative avant tout politique, proposant d'éclairer et d'appuyer des projets ambitieux, novateurs et fédérateurs.

Comme tout exercice de prévision, on ignore si nous venons de vivre le premier mouvement de déconstruction de l'Union européenne, si ce référendum se révèlera l'électrochoc qui conduira à relancer la construction européenne ou si ce vote ne se sera finalement révélé qu'une séparation d'avec nos voisins britanniques, sans que cela conduise à un infléchissement significatif de la politique de l'UE.

L'histoire des grands événements nous montre que ce n'est qu'a posteriori que l'on peut conduire les analyses des facteurs déclenchants des grandes mutations intervenues. Il n'empêche que, pour la première fois depuis 1957, un pays a exprimé clairement par la voix de son peuple, qui s'est rendu massivement aux urnes, sa volonté de sortir de l'Union Européenne.

Mais en fait ce vote ne nous renseigne-t-il pas encore plus sur nous-mêmes, Français, que sur nos amis Britanniques qui ont multiplié les exceptions à l'application de l'acquis communautaire au fil des années ? Imagine-t-on sereinement un référendum d'appartenance à l'UE dans notre pays ?

En effet, dans l'histoire de la construction européenne, si le Royaume-Uni s'est révélé particulièrement influent et efficace pour défendre le périmètre de ses engagements ainsi que pour conduire l'anglais à devenir la langue utilisée de facto dans la quasi-totalité des institutions, c'est la France qui a porté l'idée européenne, au travers des Pères fondateurs Jean Monnet et Maurice Schuman, plus récemment avec Jacques Delors. C'est également la France qui a porté les coups d'arrêts les plus importants à l'avancée européenne, que ce soit par la non ratification du Traité sur la Communauté européenne de défense, le 30 août 1954 par l'Assemblée nationale, ou par le rejet – déjà par référendum – du Traité constitutionnel en 2005.

C'est donc des pays fondateurs, dont l'Allemagne première économie européenne, que peut venir la capacité d'impulsion ou de déconstruction. Car l'Europe, que ses détracteurs veulent voir sous le vocable de « vieux continent », c'est aussi celle de civilisations anciennes, notamment hellénique et romaine, qui ont inventé la démocratie et la République au sens fondamental du terme, celle des intellectuels du siècle des Lumières, celle des révolutions et des droits de l'homme et du citoyen, celle des arts, des lettres et des inventions (ses ingénieurs sont encore recherchés aujourd'hui car parmi les plus novateurs).

Force est de constater que cette Europe n'a été unifiée que sous les grands empires : celui de Charlemagne, de Charles Quint, de Napoléon 1er sans oublier la grande Russie de la Tsarine Catherine II ou le Saint Empire Germanique et, pour être tout à fait juste, la partie occidentale de l'Empire Ottoman dont la partie majeure se situait au Proche et Moyen Orient. C'est bien là une Europe de tradition chrétienne d'Occident et d'Orient. Au-delà de ces grands empires, en particulier depuis les traités de Versailles, de Trianon, de Saint-Germain-en-Laye, de Sèvres, ...soient seize traités au total, l'Europe est un continent morcelé, un ensemble de pays, pour la majorité d'Etats-Nations ayant leur propre histoire et leur propre langue. La monnaie commune, vierge de toute référence historique ou culturelle, ne suffit pas, bien naturellement, à surmonter seule ce morcellement.

Or, quelles que soient les suites du Brexit, que le Royaume-Uni déclenche ou non la procédure de l'article 50 de sortie de l'UE, ce pays restera lié à un continent qui sur le plan géographique est celui que le général Charles de Gaulle décrivait comme allant « de l'Atlantique à l'Oural ». Cette Europe qui a abrité les guerres parmi les plus meurtrières et qui a inventé des procédés de destruction massive. Mais c'est aussi cette Europe où des volontés se sont levées à la fin des conflits mondiaux du XXe siècle pour éviter de nouvelles répliques à ces guerres fratricides.

Ainsi est née l'Europe autour du charbon et de l'acier (CECA) puis de l'Atome. Sous le règne de l'argent, il était utile de fonder une communauté économique européenne à Rome, en 1957, en pariant sur la sagesse des uns et des autres pour faire abstraction des différences divergentes et en conservant le fond commun de civilisation qui fonde l'Europe depuis des siècles, le garant de notre connaissance commune.

Cette Europe est essentiellement restée un marché économique, sans pouvoir, malgré les traités de Maastricht et de Lisbonne, implanter et mettre en œuvre une Europe politique et diplomatique à partir d'un pouvoir supranational (ce qui se traduirait par un abandon plus marqué qu'actuellement des pouvoirs nationaux) ou transnational. Comme toujours en politique, avant de créer un tel pouvoir il sera nécessaire de fédérer les volontés. Et cela sera difficile tant il est vrai qu'en Europe, mais c'est vrai ailleurs, toute tendance à la centralisation renforce les identités régionales. Mais si les pays sont d'ores et déjà trop faibles pour compter par eux-mêmes dans la sphère économique mondiale, les régions sont encore moins influentes.

Tout ce qui ne va pas dans le sens de la construction d'un pouvoir fort en Europe nous affaiblit : aux hommes donc de décider s'ils veulent être dirigés demain par un gouvernement européen ou s'ils préfèrent passer sous l'influence américaine et demain chinoise ou indienne. Pour ma part, j'ai choisi !

Cette Europe économique ne suffit pas dans la configuration mondiale d'aujourd'hui où les stratégies d'influence des Etats, des groupes mondiaux et des think tanks passent par l'utilisation de toutes les armes à leur disposition tant de hard que de soft power. Il est donc urgent qu'Airbus ne soit plus l'un des trop rares exemples de coopération industrielle dans l'UE, que l'Europe de la défense se montre à la hauteur des enjeux d'un monde où l'insécurité domine et conduit nombre d'acteurs à augmenter leurs dépenses militaires tout en favorisant leurs industries dans ce secteur.

L'initiative récente lancée par Thierry Breton, d'un Fonds Européen de Sécurité et de Défense, montre la voie, dans le domaine de la défense, de la façon de construire ce projet d'avenir.

Prendre en compte les préoccupations des citoyens européens, en l'occurrence leur défense, et proposer de jeter les bases d'une défense commune sur la base d'une mutualisation des dépenses, sans toucher à la souveraineté des pays, est une réponse innovante et pragmatique à l'obligation de réinventer une Europe qui inscrit son action dans l'affirmation de sa puissance.

Puissions-nous agir de même et répondre de façon efficace, d'une part, au problème de surendettement des Etats et, d'autre part, à l'ensemble de leurs préoccupations dans les autres domaines, diplomatique, social, économique...

Il est temps pour l'Europe de comprendre les réalités du monde dans lequel nous vivons, où les mutations de l'économie numérique, la mondialisation, la pression démographique et les luttes pour l'accès aux ressources imposent, aux Etats ou organisations qui veulent peser, d'utiliser leurs atouts face à leurs concurrents et leur imposent également de donner à l'idée de patriotisme européen ses lettres de noblesse.

Pierre-Jacques Costedoat

Bibliographie

Philippe, A., & Dorota, D. (2011). Légitimer l'Europe sans Bruxelles? Un regard sur les petits entrepreneurs d'Europe, entre décentrement et recentrages. *Politique européenne, 34*, 7-35.

Aligisakis, M. (2012). Quelle conception du lien social dans le cadre de l'intégration européenne? Interrogations et défis. *Pensée plurielle*, (1), 111-122.

Anderson, B., & Dauzat, P. E. (1996). *L'imaginaire national: réflexions sur l'origine et l'essor du nationalisme*. Ed. La Découverte.

Bade, K. J. (2002). *L'Europe en mouvement: la migration de la fin du XVIIIe siècle à nos jours*. Seuil.

Bitsch, M. T. (2004). *Histoire de la construction européenne de 1945 à nos jours*. Editions complexe.

Azoury, N., Bordeau, N., Boyer, A., Digout, J., Husson, J., Kouevi, E., ... & Mercier-Suissa, C. (2015). *Politique et éthique: regards croisés*. Bart & Jones Publishers.

Bourdieu, P. (1989). *La noblesse d'État: grandes écoles et esprit de corps*. Les Editions de minuit.

Brack, N. (2015). Construction européenne et légitimité démocratique. *Politique européenne*, (1), 146-154.

Braud, P. (1996). *L'émotion en politique: problèmes d'analyse*. Les Presses de Sciences Po.

Foret, F. (2012). La mémoire européenne en action: Acteurs, enjeux et modalités de la mobilisation du passé comme ressource politique. *Politique européenne*, (37), 8-33.

Castoriadis, C. (1972). L'Institution imaginaire de la société, Paris, Seuil, 1975. *Deleuze G. & Guattari F., L'Anti-Œdipe, Paris, Minuit*.

Charléty, V. (2006). Repères fondateurs. Introduire l'histoire dans l'espace public européen. *Politique européenne, 18*, 17-47.

Cohen, A., & Vauchez, A. (2005). Les juristes et l'ordre politique européen. *Critique internationale*, (1), 97-99.

Cohen, A. (2006). De congrès en assemblées. *Politique européenne*, (1), 105-125.

Dacheux, É. (2011). Penser l'Europe, s' engager pour la démocratie européenne. *Hermès, La Revue*, (2), 200-206.

Deloye, Y. (2006). Introduction: éléments pour une approche socio-historique de la construction européenne. *Politique européenne*, (1), 5-15.

Denéchère, Y. (2007). *Ces Françaises qui ont fait l'Europe*. L. Audibert.

Denéchère, Y. (2009). Femmes, pouvoir exécutif et construction européenne. *Informations sociales*, (1), 22-28.

Detienne, M. (2016). *Comment être autochtone. Du pur Athénien au Français raciné*. Seuil.

Ferry, J. M. (2000). La question de l'État européen. *NRF Essais*.

Ferry, J. M. (2005). Europe, la voie kantienne: essai sur l'identité postnationale.

Foret, F. (2008). *Légitimer l'Europe: pouvoir et symbolique à l'ère de la gouvernance*. Presses de Sciences Po.

Larat, F. (2006). L'Europe a la recherche d'une figure tutelaire. *Politique européenne*, (1), 49-67.

Frank, R. (2004). *Les identités européennes au XXe siècle*. R. Frank (Ed.). Universite Paris I Sorbonne.

Gensburger, S., & Lavabre, M. C. (2012). *D'une «mémoire» européenne à l'européanisation de la «mémoire»* (No. 2, pp. 9-17). L'Harmattan.

Guieu, J. M. (2009). Conclusion. Anti-européisme et résistances à l'Europe communautaire, de nouvelles perspectives pour l'histoire de la construction européenne. *Les cahiers Irice*, (2), 157-162.

Gerbet, P. (2007). *La construction de l'Europe*. Armand Colin.

Guisan, C. (2013). *A political theory of identity in European integration: Memory and policies*. Routledge.

Hallier, T. (2006). Vénus endormie? Les commissaires européennes. *Femmes et relations internationales au XXe siècle, Presses de la Sorbonne nouvelle*, 135-142.

Klausen, J., & Tilly, L. (1997). *European integration in social and historical perspective: 1850 to the present*. SIAM.

Lacroix, J., & Nicolaïdis, K. (2004). Quelle justice au-delà de l'État-nation? Deux paradigmes pour l'Europe. *Mouvements*, (5), 105-113.

Lamassoure, A. (2015). Europe: le cas du patient anglais. *Politique étrangère*, (1), 63-73.

Larat, F. (2006). L'Europe a la recherche d'une figure tutelaire. *Politique européenne*, (1), 49-67.

Le Goff, J. (2013). *L'Europe est-elle née au Moyen Age?*. Points.

Mauger, G. (2012). La construction européenne. *Savoir/Agir*, (4), 93-95.

Miard-Delacroix, H. (2009). Entre stratégie et dimension historique. Les discours publics allemands sur l'Europe au moment de l'élargissement à l'Est (2004-2005). *Études Germaniques*, (2), 501-514.

Nivet, B. (2001). De Maastricht à Nice: la laborieuse ascension de l'Union européenne. *Revue internationale et stratégique*, (1), 135-142.

Risse, T. (2015). *A community of Europeans?: transnational identities and public spheres.* Cornell University Press.

Hivert, É. R. (2009). Moscou, les communistes français et la construction européenne. *Bulletin de l'Institut Pierre Renouvin*, (2), 57-76.

Rosoux, V. (2003). Mémoire (s) européenne (s)? Forces et limites de l'intervention politique dans la mise en scène de l'histoire. *Politique et sociétés*, *22*(2), 17-34.

Saint-Gille, A. M. (2009). «De la guerre éternelle à la grande paix». Philosophie de la paix et paneuropéisme. *Études Germaniques*, (2), 385-398.

Villain-Gandossi, C. (Ed.). (2002). *L'Europe à la recherche de son identité* (Vol. 125). Comité des travaux historiques et scientifiques-CTHS.

Wintle, M. J. (Ed.). (1996). *Culture and Identity in Europe: perceptions of divergence and unity in past and present.* Avebury.

L'Agora Jeunes en Europe est le premier laboratoire d'idées politiques et culturelles impulsé par les jeunes et pour l'ensemble de la société européenne, il est né en avril 2009, organisé en association en 2015. L'Agora Jeunes en Europe est née de la dissolution de l'Avenir Jeune en avril 2015. Sa mission est d'offrir à la jeunesse française une plate-forme de dialogue de qualité entre les pouvoirs publics, la classe politique française, et les associations. Mais il est aussi un générateur de propositions, toutes issues de la jeunesse, et a également comme objectif de promouvoir l'engagement des jeunes au niveau associatif, politique, sociétal.

www.ingramcontent.com/pod-product-compliance
Lightning Source LLC
Chambersburg PA
CBHW050539160726
48003CB00002B/665